量子力学的 運命をひらく 7つの習慣

高橋宏和
［量子力学コーチ］

*Quantum Mechanics:
The 7 Habits to
Unlock Your Destiny*

PHP

まえがき

「宿命」は変えられない。でも「運命」は変えられる

いきなりですが、想像してみてください。

あなたの目の前にY字路があります。

右の道は真っすぐな道路で、一直線に目的地につながっています。スピードは出せますが、随所に信号があって足止めされる可能性が高いです。

左の道は曲がりくねった道路で、信号はありません。カーブを何度も曲がらないといけないのでスピードは出せませんが、道程はスムーズです。

さて、このとき「あなたに選べるもの」と「選べないもの」は何でしょう？

「宿命」と「運命」は、このシチュエーションによく似ています。

宿命は、いってみれば道路です。

真っすぐな道か曲がりくねった道か、信号がまったくないか随所に配置されているか、青信号でスムーズに走れるか、赤信号で足止めをされるか……これらはあらかじめ決められたことで、あなたには変えられません。

一方で、運命は選択肢です。

2つの道のどちらを選ぶのか、自動車で行くのかバイクで行くのか、自転車で行くのか走って行くのか、信号無視をするか信号をちゃんと守るか、そもそもY字路を選ばず真ん中の道なき道を行くのか……あなたが自由に選べます。

本書は、量子力学をアナロジー（類推）として用いて、あなたの運命をひらく本です。

本文内では量子力学の理論や具体的な方法論をお伝えしていきますが、大前提としてまず「運命」について知ってもらいたいと思っています。

宿命は変えられませんが、運命は変えられます。

あなたが決められたシチュエーションをどのように進むかは、あなた次第なのです。

一直線の道を爆走するのでもいいでしょう。バイクを選んで高速で連続カーブをこなしていくのでもいいでしょう。どちらも選ばずに、真ん中に信号もカーブもない新しい道を切り開いていくのでもいいでしょう。

人生は選択の連続で決まります。あらかじめ決められた性別や人種、生年月日などの基本的に変えられないものはありますが、どのような生き方を選択するかは個人の自由であり、あらゆる可能性が広がっています。

ですから、運命はあなたの選択でひらき、変えていけるのです。

量子力学と運命をひらくことの意外な関係

運命をひらき、変えていくときに糸口となるのが量子力学です。

量子力学は現代物理学の根幹を成す理論です。私たちが視認できない10^{-9}m（10億分の1m《メートル》）の世界の自然現象を研究する分野です。

量子とは、分子や原子、さらにクォークといった素粒子のような**「目に見えないけど何かしらの作用を自然界に及ぼしている物質やエネルギー」の最小単位**のことです。

量子力学は、これら**「目に見えない世界を研究する学問」**ということです。

「量子力学と運命がどう関係しているの？」

そんな風に感じたかもしれません。

紹介が遅れましたが、私は量子力学コーチの高橋宏和と申します。

自身で開発した科学的コーチングメソッド「量子力学コーチング」を活用したコーチングを実施したり、セミナーや講演会を開催したりして、これまでに1万人以上の願望実現のお手伝いをしてきました。このコーチングには「量子力学」がついていますが、これは目標達成や願望実現が起こる原理を、量子力学によって解明し、体系化したコーチングだからです。

これまでに5冊の書籍を上梓《じょうし》し、近年では世界的コンサルタントのロイス・クルーガー氏とともに「ベイビーブレイン®」という経営者向けコーチングメソッドも開発しました。

「運命をひらく」というと、さまざまな文脈でその中身を語れると思います。
例えば、

- 今よりも高い年収を手に入れられる
- 健康上の問題がなくなり、やりたいことができる
- 人間関係が改善してしがらみのない生活が送れる
- 人脈の質が変わって会いたい人に会える
- 理想のパートナーを見つけられる
- ビジネスで成功して人生のステージが変わる
- 本を出版したりテレビに出たりして社会的な有名人になれる
- 時間とお金から自由になって好きなときに好きなことができる

これらの人生の目標や人間としての願望と呼べるものは、あなたが理想をイメージし、目標に向かって行動していくことによって現実化していきます。

逆にいえば、あなたの頭の中でイメージできていないことは実現しないのです。

コーチングでは、質問と傾聴によってクライアントの目標や願望を引き出していきます。そして、それらを実現するためにはどうすればいいかを〝クライアントの口から〟宣言してもらい、行動を促進します。

このアプローチが、実は量子力学と密接に関係しているのです。

3ステップで運命のひらき方を習得しよう

詳しくは本文で解説しますが、素粒子には「波と粒子」の両方の性質があります。そして、波の状態が粒子になる＝粒子化するためには「観測」というプロセスが必要になります。

ここでは「素粒子は観測されると波の状態から粒子に変化する」とだけ覚えておいてください。

これをコーチングで置き換えると、質問で欲しいものや得たいものを問いかけることによって、対象者の脳内でイメージが具体化します。

例えば「結婚するならどんな相手がいいですか？」と質問すると、初めて具体的な相手の顔やスタイル、性格、雰囲気などのイメージが脳内で言語化されるわけです。これは「いくら年収が欲しいですか？」「今日の晩御飯に何を食べたいですか？」でも同じ原理が働きます。

これはまさに、理想が曖昧で波の状態だったものが質問によって明確化（粒子化）することと同じです。

粒子化が起こると、あとはそれを実現するための行動が必要になります。

晩御飯のイメージが浮かんでも、実際にレストランへ足を運んだり、買い物に行って調理をしたりしなければ料理が目の前に現れないのと同じです。

そして、実際に行動すれば具体化したイメージが現実化します。

つまり、**コーチングはその手法を活用して対象者の意識内にあるものを具体化し、さらに行動を促すことによって現実化させるメソッド**です。**そのメソッドを量子力学の理論を応用して実践するのが量子力学コーチング**なのです。

そこで、本書では量子力学の理論を応用し、アナロジー（類推）として用いることで、「運命をひらく方法」を「7つの習慣」としてお伝えしていきます。

量子力学の世界を簡単にではありますが解説し、そこからアナロジー化できる運命をひらく仕組みを紹介し、運命をひらく習慣を公開していきます。

具体的に本書は3章構成になっています。


第1章は「運命をひらくために知っておくべき量子力学の知識」について。

第2章は「量子力学からアナロジー化できる『運命』の仕組み」について。

第3章は「運命をひらける人に共通の価値観と行動原理」について。


最初は、基礎知識として量子力学について学んでいただきます。

1つの理論や解釈だけでも1冊の本を書けるほどのトピックではありますが、**物理学に詳しくない人でも理解できるよう、必要な部分をギュッと凝縮してお伝えします。**ただし、せっかくの機会ですから、**量子力学の歴史や全体像もサクッとつかめる**ように努めました。

量子力学という不思議な世界に触れ、その面白さを感じてもらえればと思います。

次に、**理論や解釈をアナロジー化していくことで、私たちの人生や運命に量子力学をどう活用していけるか**について解説します。

私自身、学生時代から量子力学に興味を持ち、勉強を重ねてきました。ほかにも脳科学、心理学、成功哲学やスピリチュアルの世界も勉強し、その過程で脳内で化学反応が起こり、量子力学コーチングを開発しました。

私自身が量子力学的アプローチによって運命をひらいた人間の1人として、その仕組みをお伝えしたいと思います。

そして最後は、「運命をひらく7つの習慣」です。

これは、**私がこれまでに学んだり出会ったりしてきた中で、成功している人や人生を思い通りに過ごしている人たちが、どのような価値観や行動原理によって生きているかを体系化したもの**です。例えば、松下幸之助、稲盛和夫、中村天風、アンドリュー・カーネギー、老子、ブッダ、ナポレオン・ヒル、吉田松陰、アーヴィン・ラズロ、アインシュタイン、マハトマ・ガンジー、野口英世、ヘレン・ケラー、福沢諭吉、アンネ・フランク、アルフレッド・アドラー、ソクラテス、マザー・テレサ、本田宗一郎、ガリレオ・ガリレイ、オグ・マンディーノ、宮本武蔵、王陽明、ロイス・クルーガー（掲載順不同、敬称略）など、これまで運命をひらいてきた偉人の考え方をまとめています。

実践していることはシンプルだったり、人間として当たり前の内容であったりしながら、そこにもやはり量子力学的な側面を垣間《かいま》見ることができます。

運命をひらく方法論を「4つのQ」を高めて習得する

本書でお伝えする内容は運命をひらくために自分を高める＝自分を磨く方法論でもあります。

自分を磨くことは「人間力を上げる」「人格を高める」などという言い方もされますが、要するに**人間的な成長を自分の手で行うこと**です。特に第2章の考え方をベースにしながら、第3章でお伝えする内容を実践することで、これが実現できます。

本書を読むときは「4つのQ」を高めるイメージで行いましょう。

●4つのQ①「IQ（Intelligence Quotient）」
知能指数。知識や教養を高め、深めること。学校へ行ったり研修を受けたりセミナーに足を運んだりして、今までにない情報に触れる。

●4つのQ②「EQ（Emotional Quotient）」
心の知能指数。自分や周囲の感情を適切に察知したり、そのために感覚的なものを研ぎ澄ましたりすること。コミュニケーション能力を高めたり、映画や小説、絵画、音楽などの芸術で感性を磨いたりすることも含まれる。

●4つのQ③「CQ（Children Quotient）」
子供指数。子供のように何事にも興味を持ち、赤ちゃん脳（Baby Brain）で無邪気に素直な心を持つ。偏見や決めつけで他人をジャッジせず、無垢《むく》な心で物事をとらえる。

●4つのQ④「SQ（Spiritual Quotient）」
精神性指数。瞑想や、自分と向き合うことによって自らの精神性を高めていく。直感や

インスピレーションに従うために、自らの心の声＝インナーボイスに従う。

これらの「4つのQ」はどれか1つを集中的に高めるというよりは、何かを行う中で複合的に高めることができます。

例えば、勉強をするときでも子供のような素直な心で偏見を持たずに情報に触れ、得た情報を自分や他者に反映させることをイメージし、結果的にその情報をどう活用するかを自分に問いかければ、4つのQを複合的に磨くことにつながります。

前置きが長くなってしまいましたが、あなたが情報をどう咀嚼《そしゃく》し、どのように行動するかによって運命はいかようにでも変化します。

宿命という変えられないものを変えようとするのではなく、自分で変えられる運命にフォーカスし、それをどのようにひらいていくか、本書を読みながら問いかけを行ってみてください。

すると、答えは自分の内側から出てくることでしょう。

本書があなたの運命をひらく一助になれば、これに勝る喜びはありません。

目次

【量子力学的】運命をひらく7つの習慣

まえがき……3
「宿命」は変えられない。でも「運命」は変えられる……3
量子力学と運命をひらくことの意外な関係……5
3ステップで運命のひらき方を習得しよう……8
運命をひらく方法論を「4つのQ」を高めて習得する……12

第1章

運命をひらくために知っておきたい量子力学

ミクロ世界を探求する量子力学とは？……26
すべての物事には「量子の振る舞い」が作用している……28

ざっくりとでも覚えておきたい量子力学の歴史……30
日本にも量子力学に貢献した物理学者がたくさんいる……34
万物は「素粒子」からできている……39
観測の有無で不可思議な振る舞いをする素粒子……44
観測の有無で素粒子は「波」にも「粒子」にもなる……48
思考実験「シュレディンガーの猫」という問題提起……50
観測問題に対する2つの解釈……54
量子テレポーテーションでわかる「観測前の可能性」……56
アインシュタインの関係式でわかった「万物はエネルギー」……59
超弦理論によって紐解かれた万物の固有の振動……62
量子力学的アプローチで「運命をひらく方法」を考える……65

第2章

量子力学から類推できる「運命」の仕組み

量子力学的に世界や人生を再定義する……70
運命とは何か？　宿命とは何か？……72
不確定性原理で学ぶ「人生の曖昧さと確率性」……75
電子の存在確率を計算する「シュレディンガー方程式」……77
宿命の中で「最高の結果」としての運命を生きる……81
私たちが認識できるものはたった5％しかない……82

顕在意識と潜在意識の関係……84
「ゼロポイントフィールドへの質問」が運命をひらく第一歩……87
ペンローズ博士との出会いが量子力学の世界に入るきっかけになった……93
すべては可能性。「断言できない＝間違っている」ではない……98
コーチングと量子力学がつながった瞬間……101
本当に現実化するのは「思考を支える思考」である……104
人のご縁がつながって量子力学コーチとして軌道に乗る……106
運命をひらくために「生きる意味」を内省する……109

第3章 人生を好転させる「運命をひらく7つの習慣」

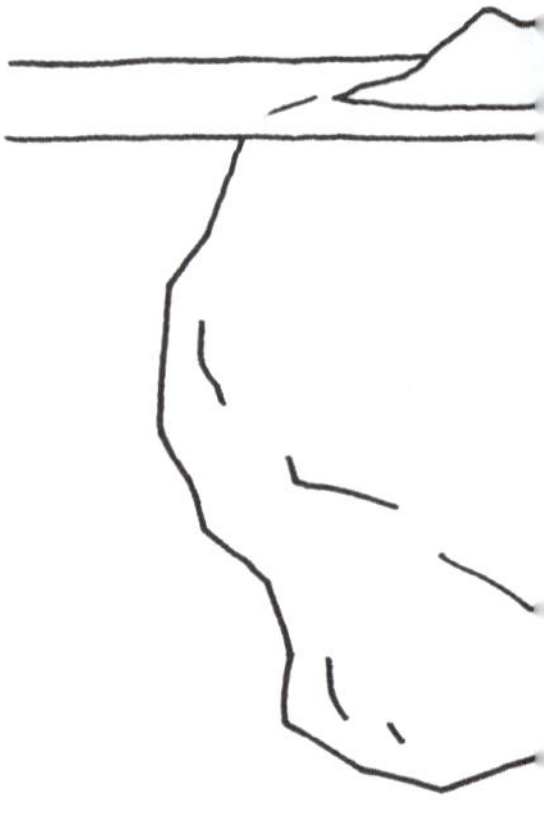

量子力学的「運命をひらく7つの習慣」……114
運命をひらくためには「量子思考」で考える……116
運命をひらくための7つの習慣……119
【習慣①】常に素直である……119
波でも粒子でもない中間の状態が「素直」……119
素直な心は一朝一夕では手に入らない……122
素直さを〝極めようとする姿勢〟が大事……124

17の素粒子に学ぶ量子の可能性……125
素直であるための3つのステップ……127

【習慣②】
常に学ぶ意欲を持つ……130
「不知の自覚」を心得て、大人になっても勉強する……130
宇宙のアップデートと人間のアップデート……133
アップデートで周波数と引き寄せられるものが変わる……135
引き寄せた人・モノ・出来事が人生をアップデートする……139

【習慣③】
すべての人を師匠と見る……142
出会う人の良いところを吸収して「分子化」する……142
良い人からは学び、悪い影響を与える人は反面教師にする……145
師匠から学び続けることで正のスパイラルに入れる……147
人生は選択と決断で変化するパラレルワールド……148

【習慣④】
学んだら即実践して人に伝える……150
「インプット×アウトプット²」がエネルギーを高める……150
インプットとアウトプットを繰り返す成長サイクル……152

成長サイクルによる「量子飛躍」で生まれ変わる……155
重要なのはインプットよりもアウトプット……156
アウトプットの手段はどんなものでもいい……158
アウトプットによって学びがより深まる……161

【習慣⑤】すべての出来事を柔軟にとらえる……163
感情を切り離せば出来事自体はニュートラルだとわかる……163
万物は陰と陽。必ず「もう1つの側面」が存在する……165
とらえ方の数だけ「世界線」は存在する……167
量子思考を身につけるための「運をひらく質問」……168
粒子化した出来事を「波」に戻して再度「粒子化」する……170
陽中の陰、陰中の陽でどん底からも脱出する……173
この世界は「仮想空間」と考えてどん底を乗り切る……175

【習慣⑥】すべての出会いとご縁を大切にする……178
出会いとご縁を大切にすれば会いたい人に会える……178
「私」と「あなた」も今この瞬間のご縁でつながっている……180

ご縁は良縁も悪縁も公平に大切にすること……182
ご縁を大切にするための方法論……184
ご縁を大切にすることは「八紘一宇」の精神と同じ……185

【習慣⑦】すべての出来事に感謝する……188
今ある現実は奇跡的なこと……188
私たちが認識すべき「3つの感謝」……189
量子力学的「存在論」で自分が存在する奇跡に気づく……194
「ありがとう」は運命をひらくマントラ……196
チャクラによって言霊エネルギーが変わる……198

運命をひらくための7つのステップ……202
【ステップ1】人生の8つの柱の現状を知る……203
【ステップ2】理想の状態をイメージする……204
【ステップ3】明確な目標を設定する……204
【ステップ4】言葉で宣言して100％コミットする……204

【ステップ5】実現のための詳細な計画を立てる……205
【ステップ6】強い動機と情熱を持つ……205
【ステップ7】圧倒的に行動する……206

あとがき●「Oneness」に気づけば生き方がわかる……208

第1章

運命をひらくために知っておきたい量子力学

☆ミクロ世界を探求する量子力学とは？

本書では、量子力学をアナロジー（類推）として用いた「運命をひらく方法論」をお伝えしていきますが、そもそも量子力学とは何でしょうか？

例えば今、あなたがこの文章を読んでいるということは、紙面に書かれた文字を認識し理解しているからです。ということは、部屋は明るいはずです。

明るさの要因が太陽光によるものか室内灯によるものかはわかりませんが、光が発生しているということは間違いなく光子《こうし》が存在しています。

光は量子力学の世界では「光子」と呼ばれる量子の一種です。光子がぶつかると紙面上で光が反射し、その反射した光が目の網膜を通って電気信号に変わり、脳内でイメージとして映し出され、あなたの目が紙面上の文字を認識できるのです。

目には、青、緑、赤の光を判別するセンサーのような役割を持つ細胞（視細胞）があり、それぞれの色の光を感じ取る割合で色が決まります。

例えば、目に入ってくる光から視細胞が青だけを感知すると青と判別し、緑と赤の両方を感知すると黄色。青緑赤すべてを感知すると白。青緑赤どれも感知しないと黒と判断します。

青、緑、赤の光で色を判断するため、青、緑、赤が光の三原色とされています。リンゴが赤色に見えるのは、リンゴの赤色の光のみが反射しているからなのです。

そして、詳しくは後述しますが、本そのものも量子によって構成されています。「紙に書かれた文字を読む」だけの単純な行動の中にも、分解していくとこのような理論が存在します。逆にこの世に光子の存在がなければ、真っ暗で私たちは文字を読むことはできません。

光子自体は非常に小さな粒のため私たちの目には見えませんが、現実に存在していてさまざまな作用を引き起こしているわけです。

このような、ミクロの世界で成り立っている自然の法則を探求し、解明しようとする学問が「量子力学」です。

☆すべての物事には「量子の振る舞い」が作用している

物理学の世界は、大きく古典力学と量子力学の2つに分けることができます。

前者は、量子力学が出現する以前のニュートン力学や相対論的力学のことです。有名なものでいえばニュートンの「万有引力の法則」です。

目に見えるマクロの世界で成り立っている自然法則を研究する学問で、例えばリンゴが落ちる現象や、ボールが放射線状に軌道を描いて落下する、その運動法則を解明するための学問です。

一方で後者の量子力学は、古典力学の一般相対性理論とともに、現代物理学の根幹を成す理論です。

アルベルト・アインシュタインが提唱した一般相対性理論が宇宙の膨張やブラックホールのような大きなスケールの物理現象を説明するために用いられるのに対して、量子力学はミクロの世界で起こる物理現象を説明するために用いられます。
どのくらいミクロかというと原子レベルです。

少し学校の理科の授業を思い出してみましょう。

H_2O（水）やCO_2（二酸化炭素）といった化学式を習ったと思います。これらは物質を構成する基本的な粒子である「原子」の結合体で、物質の化学的性質を失わない最小の構成単位として「分子」と呼ばれます。H_2Oであれば原子Hが2つと原子Oがくっついているわけです。

原子は中心にプラスの電荷を持つ「原子核」と、マイナスの電荷を持つ「電子」で構成されています。電子のような、これ以上は小さくすることができない物質の最小単位を「素粒子」といいます。

そして、分子や原子や素粒子はどれもあまりに小さいため、目には見えません。

この目に見えないとても小さい物質やエネルギーの単位を「量子」といいます。目に見えませんが、それでも自然界に何かしらの作用を起こしています。

例えば、先述の例のような「紙に書かれた文字を読む」であっても、そこには量子の作用が働いています。その量子たちの振る舞いを解明するための学問が量子力学なのです。量子論と量子力学はほぼ同じ意味として扱われていますが、ここでは「量子力学」として統一します。

☆ざっくりとでも覚えておきたい量子力学の歴史

量子力学がどのような学問であるかは理解してもらえたと思いますが、そもそも量子力学とはいつ、どのようにして誕生し、現在に至るのでしょうか？

ページの関係上、簡単ではありますが、量子力学の歴史についてお伝えします。

「量子」という言葉がこの世に誕生したのは19世紀末。ドイツの物理学者マックス・プランクが1900年12月に、「エネルギー量子仮説」と呼ばれる理論をクリスマスの講演会で発表しました。このときにプランクは、「光が持つエネルギー」に関して、エネルギーは不連続でとびとびであり、これ以上分割できない最小の単位を「エネルギー量子」として提唱し、「量子」という概念が初めて生まれました。

その後、量子力学は「1910年代に電子の様子を説明する上で量子の概念が使われるようになる」「1920年代に電子の運動やエネルギーを表す方程式が完成する」という時期を経て現在に至ります。

もう少しかみ砕《くだ》くと、20世紀初頭になり、真空状態を実現する技術が発達したことで実験技術が進化し、1つひとつの原子が個別に関わっている現象の測定を行えるようになりました。

すると、それまでの古典力学（ニュートン力学）だけでは理解できない物理法則が原子の世界にあることがわかりました。それは従来の物理学では解き明かせない不可思議な世界でした。

量子という概念が誕生したことで、物理学の世界はその法則を根本から考え直さなければばいけなくなりました。そこから2つの体系が生まれました。

1つは、デンマークの物理学者ニールス・ボーアが提唱した量子条件から始まる体系です。量子条件とは、ボーアが1913年に提案した原子モデルに関連する理論的な条件です。

ボーアは、原子内部の電子のエネルギー状態を説明するために、量子化されたエネルギー準位という概念を導入しました。エネルギー準位とは、原子核の周りを回転する電子の軌道が持つエネルギーのことです。この条件は、特に水素原子のエネルギー準位を説明するために用いられます。

そしてもう1つの体系は、アインシュタインです。

アインシュタインはプランクの式を研究しているうちに「光にも最小単位があるのではないか」と考え、光を「光子」と名づけ、光が粒子として振る舞う仮説＝「光量子仮説」を提唱しました。

ボーアから始まった体系は、やがて物理学者ヴェルナー・ハイゼンベルクによって量子論を行列表示で定式化させた「行列力学（マトリックス力学）」として提唱され、発展し

量子力学の黎明期（1920年代頃まで）

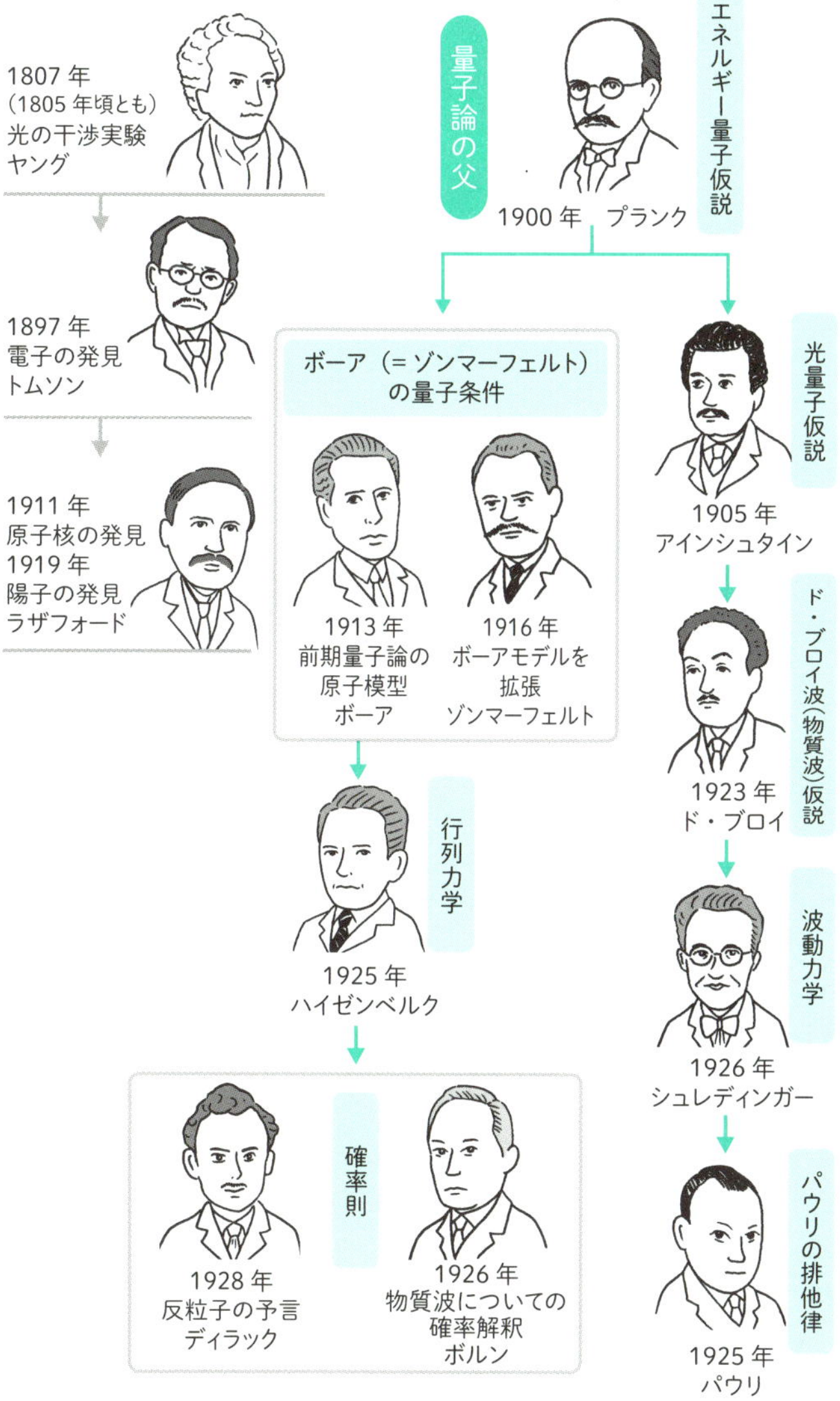

資料：和田純夫『多世界解釈』（講談社）、『量子論大図鑑』（ニュートンプレス）等を参考に作成

ていきました。

アインシュタインから始まった体系は、フランスの物理学者ルイ・ド・ブロイによって発展し、光子の粒子性と波動性を結びつけるために導入した概念を物質粒子一般に拡大適用したものとして「ド・ブロイ波（物質波）」が提唱されました。その後、ド・ブロイ波の考え方を発展させる形で、物理学者エルヴィン・シュレディンガーは「シュレディンガー方程式」を導き出しました。


そして、これら2つの体系による理論が実質的には同質であることを、イギリスの理論物理学者ポール・ディラックやスイスの物理学者ヴォルフガング・パウリなどが示し、量子力学という〝1つの計算方法〟が確立しました。

これが1920年代頃の話です。

☆日本にも量子力学に貢献した物理学者がたくさんいる

量子力学の歴史について、もう少しお話を続けます。

ここまでは海外での動きでしたが、日本ではどうだったのでしょうか？

日本の物理学の黎明《れいめい》期に、独創的な発想で世界レベルの研究を成した科学者がいました。それが明治～昭和初期にかけての物理学者である長岡半太郎《ながおかはんたろう》です（以下、敬称略）。

1893年に理学博士となった半太郎は28歳でドイツに留学。帰国後はドイツで接した理論物理学に力を注ぎ、学界最大の関心事だった「原子の構造」の研究に取り組みます。

そして1903年、38歳のときに「土星型原子模型（モデル）」を発表し、翌年に外国の雑誌に論文を寄稿しました。

長岡の土星型原子モデルは、原子核の大きさや電子の数こそ違っていたものの、イギリスの物理学者アーネスト・ラザフォードが実証した原子の基本構造と同じものでした。

ラザフォードは、1911年に「ラザフォードの原子模型（ラザフォード・モデル）」と呼ばれる原子の内部構造に関する原子模型を提案しました。

日本とイギリスでほぼ同時期に、同じ原子模型が提唱されていたのです。

また長岡は、ミクロの世界を探求する「素粒子物理学」の基礎となる理論を提唱した湯《ゆ》川《かわ》秀樹《ひでき》の研究を早い時期から評価していました。１９３９年来、ノーベル委員会に湯川を推薦し続けます。湯川は10年後の１９４９年に、日本人で初めてノーベル物理学賞を受賞しました。

湯川は早くから、原子核を構成する中性子と陽子を結びつける「核力」を媒介する粒子として中間子の存在を予測していましたが、最初は見向きもされませんでした。ですが、実際に中間子の存在が確認され、日本人初の偉業を成し遂げたのです。

日本人のノーベル賞受賞者はこれだけにとどまりません。

物理学者であり理学博士でもあった朝永振一郎《ともながしんいちろう》が、電荷や質量などの計算値が無限大になる問題を切り抜ける理論として「くりこみ理論」を１９４７年に発表し、物理学界に衝撃を与えました。その後、量子電気力学の基礎研究と、素粒子物理学についての研究で１９６５年にノーベル物理学賞を受賞。

物理学者であり、ニュートリノ天文学を開拓した天文学者の小柴昌俊《こしばまさとし》が天体物理学への先駆的貢献、特に宇宙「ニュートリノ」の検出で2002年にノーベル物理学賞を受賞。

日系アメリカ人の理論物理学者である南部陽一郎《なんぶよういちろう》が、自発的対称性の破れの発見により2008年にノーベル物理学賞を受賞。

ニュートリノ研究の専門家であり物理学者の梶田隆章《かじたたかあき》が、ニュートリノが質量を持つことを示すニュートリノ振動の発見で2015年にノーベル物理学賞を受賞。ニュートリノ振動の発見は素粒子理論の定説を超え、新しい物理学への扉を開きました。

ほかにもノーベル賞を受賞した物理学者や、受賞まではしていなくとも物理学・量子力学の分野で多大なる功績を遺した物理学者はたくさんいます。

量子力学は海外だけでなく日本でも、また過去の学問ではなく現在でも研究が続けられている学問なのです。

日本の量子力学の歴史

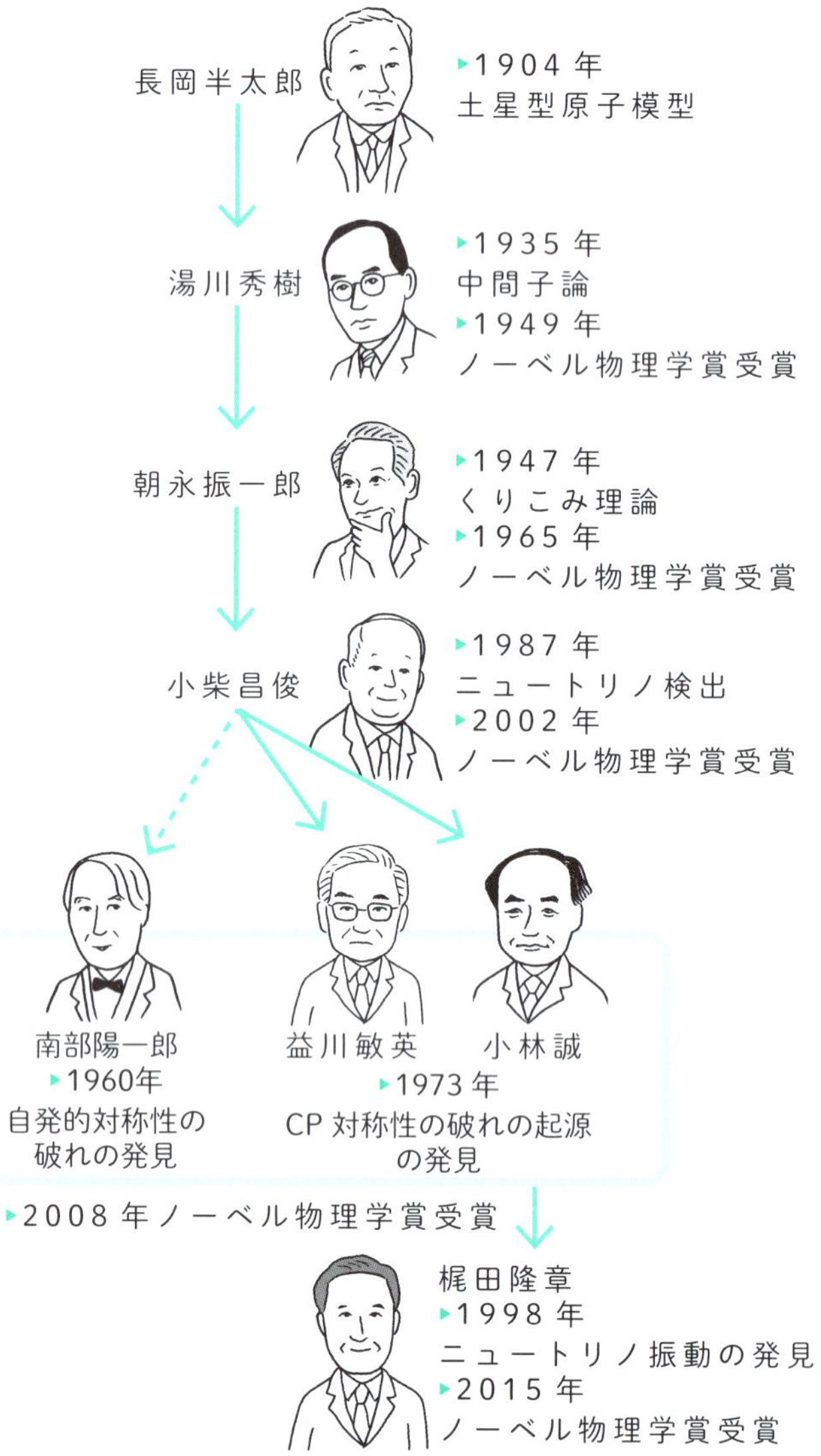
長岡半太郎
1904年
土星型原子模型
湯川秀樹
1935年
中間子論
1949年
ノーベル物理学賞受賞
朝永振一郎
1947年
くりこみ理論
1965年
ノーベル物理学賞受賞
小柴昌俊
1987年
ニュートリノ検出
2002年
ノーベル物理学賞受賞
南部陽一郎
1960年
自発的対称性の破れの発見
益川敏英
小林誠
1973年
CP 対称性の破れの起源の発見
2008年ノーベル物理学賞受賞
梶田隆章
1998年
ニュートリノ振動の発見
2015年
ノーベル物理学賞受賞

☆万物は「素粒子」からできている

30ページに続けて、もう少し理科の授業を続けます。

原子核は、プラスの電荷を持つ「陽子」と電荷を持たない「中性子」から成り立っています（まとめて「核子」と総称します）。言い換えれば、原子は陽子と中性子（＝原子核）と電子から成り立っているということです。

これらはすべて素粒子です。

実際に、陽子と中性子は「クォーク」と呼ばれる素粒子で構成されることがわかっています（陽子はアップクォーク2個とダウンクォーク1個がくっついたもの、中性子はアップクォーク1個とダウンクォーク2個がくっついたもの）。

クォークの存在は1964年には予言されていましたが、1969年にアメリカの加速器実験によって存在することが確認されました。

●物質の構成

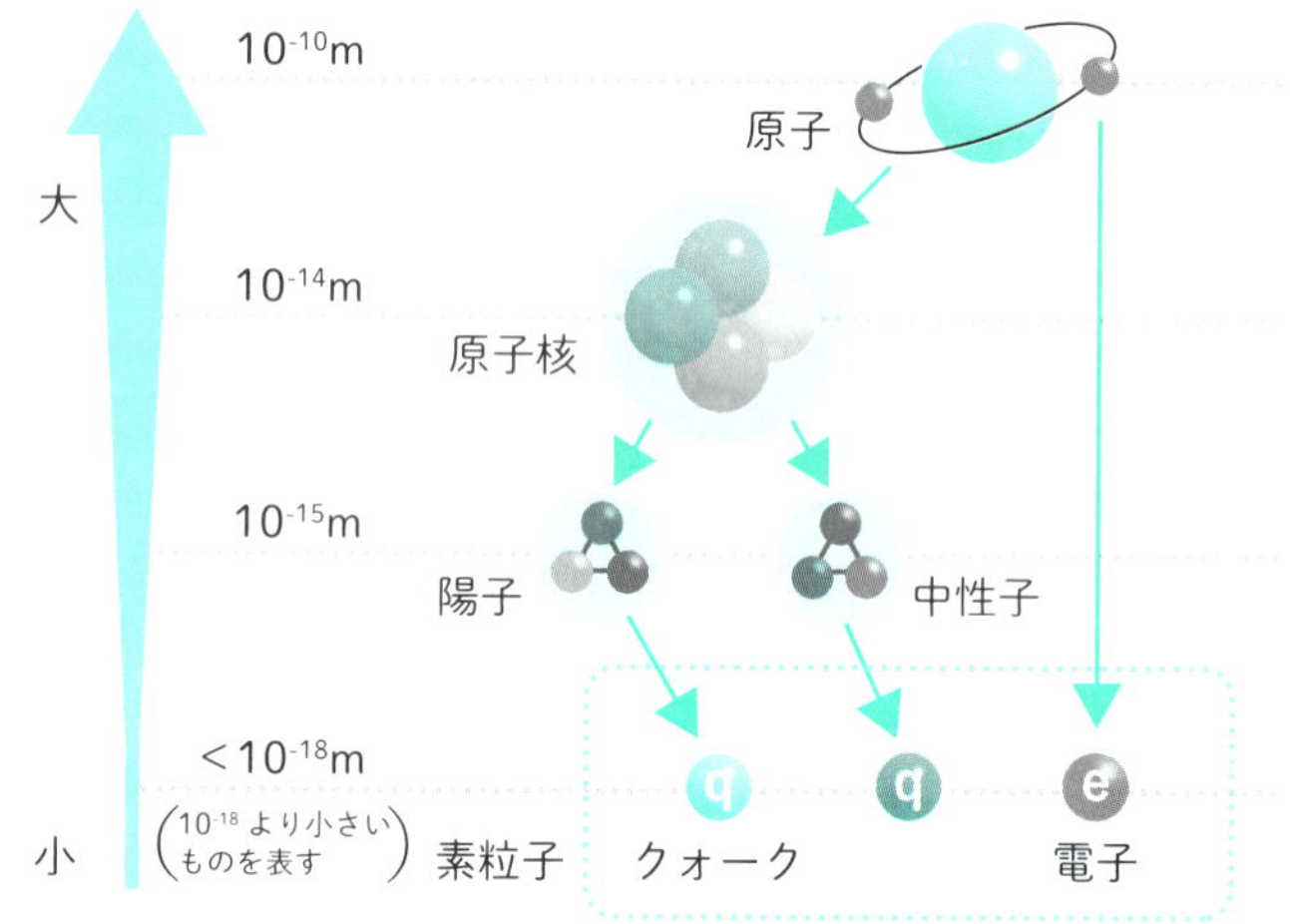

資料：東京大学素粒子物理国際研究センターの図表を参考に作成

素粒子は現在までに17種類が発見されており、素粒子の標準模型として図のようにまとめられています。

素粒子は、物質粒子、力の媒介粒子（ゲージ粒子）、質量を与える粒子（ヒッグス粒子）に大きく分けられています。物質粒子は物質を構成する素粒子のことでクォークとレプトンというグループに分けられており、それぞれ6つの素粒子があります。

力の媒介粒子とは、素粒子間に働く力を伝える粒子のことでゲージ粒子ともいいます。

電荷を持つ素粒子同士に働く「電磁気力」は、「光子（フォトン）」が伝えていま

● 素粒子の標準模型

物質粒子
力の媒介粒子（ゲージ粒子）
質量を与える粒子
世代 I
II
III
クォーク
レプトン
u
アップ
c
チャーム
t
トップ
g
グルーオン
H
ヒッグス粒子
d
ダウン
s
ストレンジ
b
ボトム
γ
光子
e
電子
μ
ミュー粒子
τ
タウ粒子
Z
Zボソン
νe
電子ニュートリノ
νμ
ミューニュートリノ
ντ
タウニュートリノ
W
Wボソン

す。クォークが陽子や中性子を構成し、陽子や中性子が原子核にまとまるのは、「強い力」が働き、その力は、「グルーオン」が媒介します。

クォークやレプトンに作用し、原子核の崩壊現象を引き起こす「弱い力」は、ZボソンとWボソンという2種類の「ウィークボソン」によって伝達されます。

1964年に質量の起源として予言されていたヒッグス粒子は、2012年7月4日にスイスのジュネーブ近郊にある欧州原子核共同研究機関（CERN《セルン》）で発見され、翌年にこの発見がノーベル物理学賞を受賞しました。ヒッグス粒子は電荷もスピン（素粒子の自転にあたる性質）も持ちません。

さて、物質を構成しているものが原子だとお伝えしましたが、今あなたの手元にティッシュペーパーがあり、それを半分に破ったとします。さらに半分、さらに半分……と千切っていくとどうなるでしょうか？　小さな紙くずの集まりができあがります。

量子力学の世界では、これをさらに小さく砕いていきます。顕微鏡でもわからないくらいまで砕いていくと、そこにはこれ以上は細かくできない限界の領域が存在します。それが素粒子です。

これは、あなたが座っている椅子やテーブル、部屋を照らしている照明灯などでも同じです。限界まで小さく砕くと素粒子に行きつきます。

ということは、逆にいえば万物は素粒子でできていることがわかると思います。物質をどんどんミクロな視点で見ていくと、最後は素粒子に行きつきます。

アメリカの物理学者リチャード・ファインマンは、「もしも文明の滅亡が避けられなくなり、科学的知識がすべて失われることになったとき、次の世代に一言だけ遺言を残すとしたら？」という質問に、次のように答えたそうです。

《「物質は原子からできている」と伝えたい》

原子を砕いていくと素粒子になります。

素粒子がどのように組み合わさったかの結果が、私たちの身の回りにあるさまざまな物質や自然の存在であり、同時に私たち人間もまた、素粒子でできているのです。

☆観測の有無で不可思議な振る舞いをする素粒子

さて、理科の授業から量子力学の話に戻しましょう。

量子力学の話をするときに欠かすことのできないものがあります。

それが「二重スリット実験」と「観測者効果」です。

1807年にイギリスの物理学者トーマス・ヤングは、光の正体が波なのか粒子なのか、証明しようと、「二重スリット実験」を行いました（46ページ図）。

実験では部屋の中に光源＝光を発する装置とスクリーンを置き、その間に二重スリットを挟みました。そして光＝光子を飛ばして、どのような模様がスクリーン上に映し出されるかを確認したのです。

すると、スクリーンには縞《しま》模様＝干渉縞《じま》が映し出されました。

このことから光には波の性質があり、お互いに強め合うと明るくなり、弱め合うと暗くなる「干渉」という現象が起こって縞模様になったことがわかったのです。

20世紀に入ると今度は光源の代わりに、1つの電子を射出する装置を使って同じ実験が行われました（47ページ図）。

電子銃から1つの電子を1個ずつ発射する実験です。電子の場合でも光子のときと同じように干渉を起こし、スクリーン上には縞模様が映し出されました。「1つの電子」であっても干渉縞を作る現象が確認され、電子にも波の性質があることがわかったのです。

●トーマス・ヤングの二重スリット実験

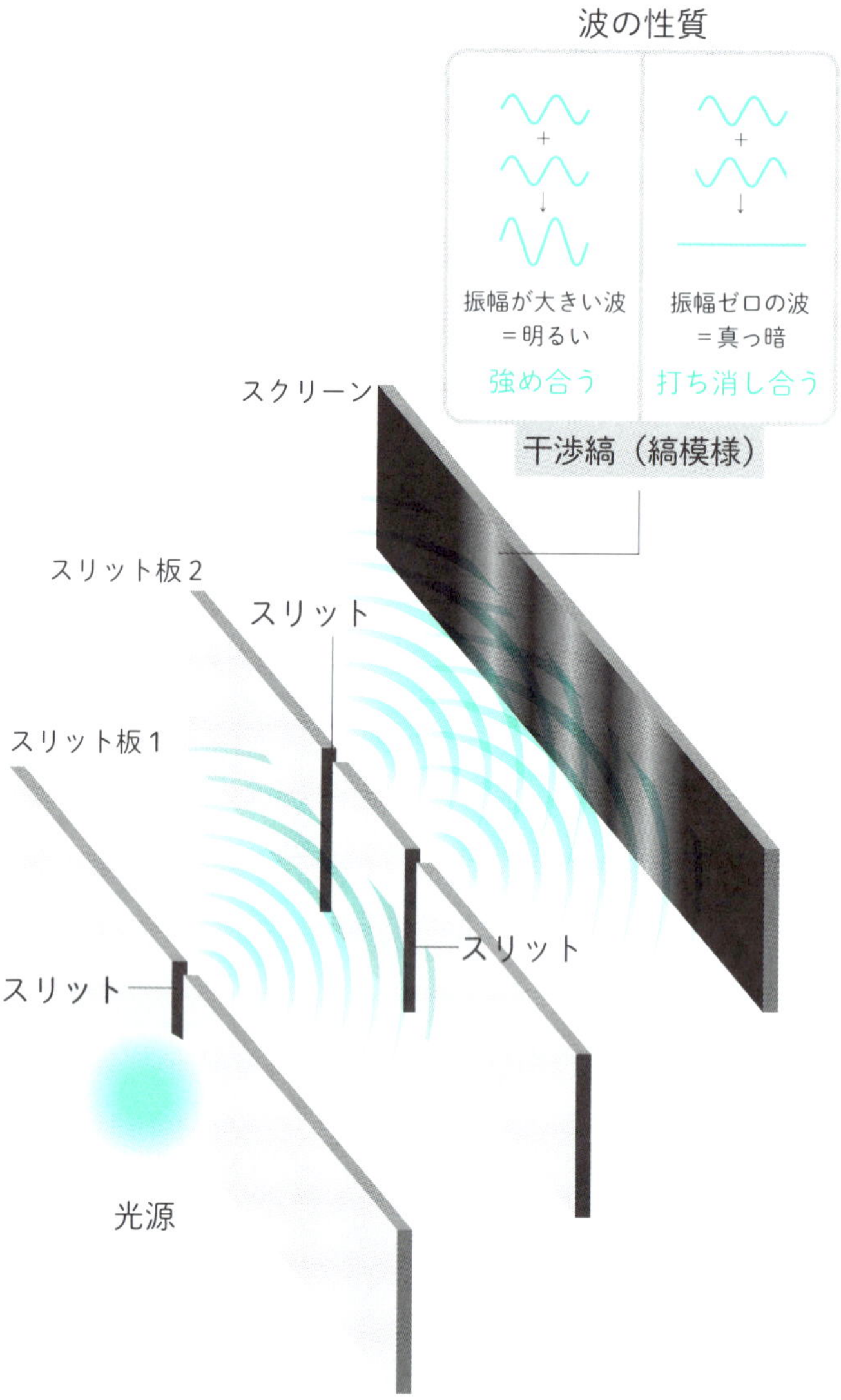

●電子銃から電子を発射する実験

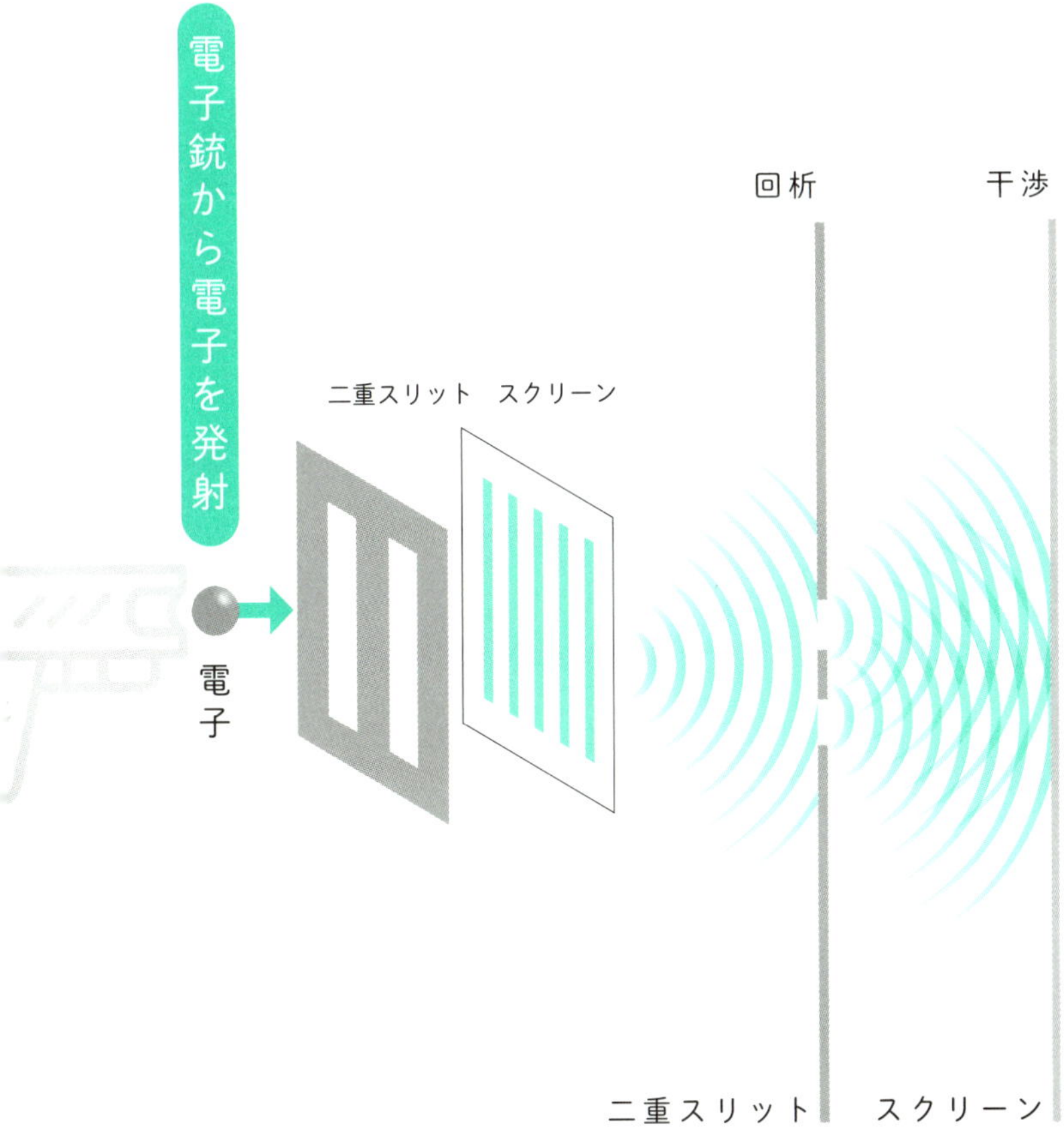

☆観測の有無で素粒子は「波」にも「粒子」にもなる

電子銃を使った二重スリット実験はこれで終わりませんでした。

今度は、電子がどこのスリットを通過したのかを確認するために観測装置を設置しました。

すると不思議なことに、電子は二重スリットを通り抜けてスクリーン上に「2本の線」として投影されました。

このような観測されているか否かによって素粒子の振る舞いに影響を与える現象を、**「観測者効果（観測問題）」**と呼びます。

観測がない状態では、電子はあらゆる場所に存在している可能性があり、「波の性質」によってスクリーン上に干渉縞を映し出します。ですが、観測されると、途端に電子の波は収縮し、粒子として姿をあらわし、「粒子の性質」によってスクリーン上に二重線を映

●観測者効果

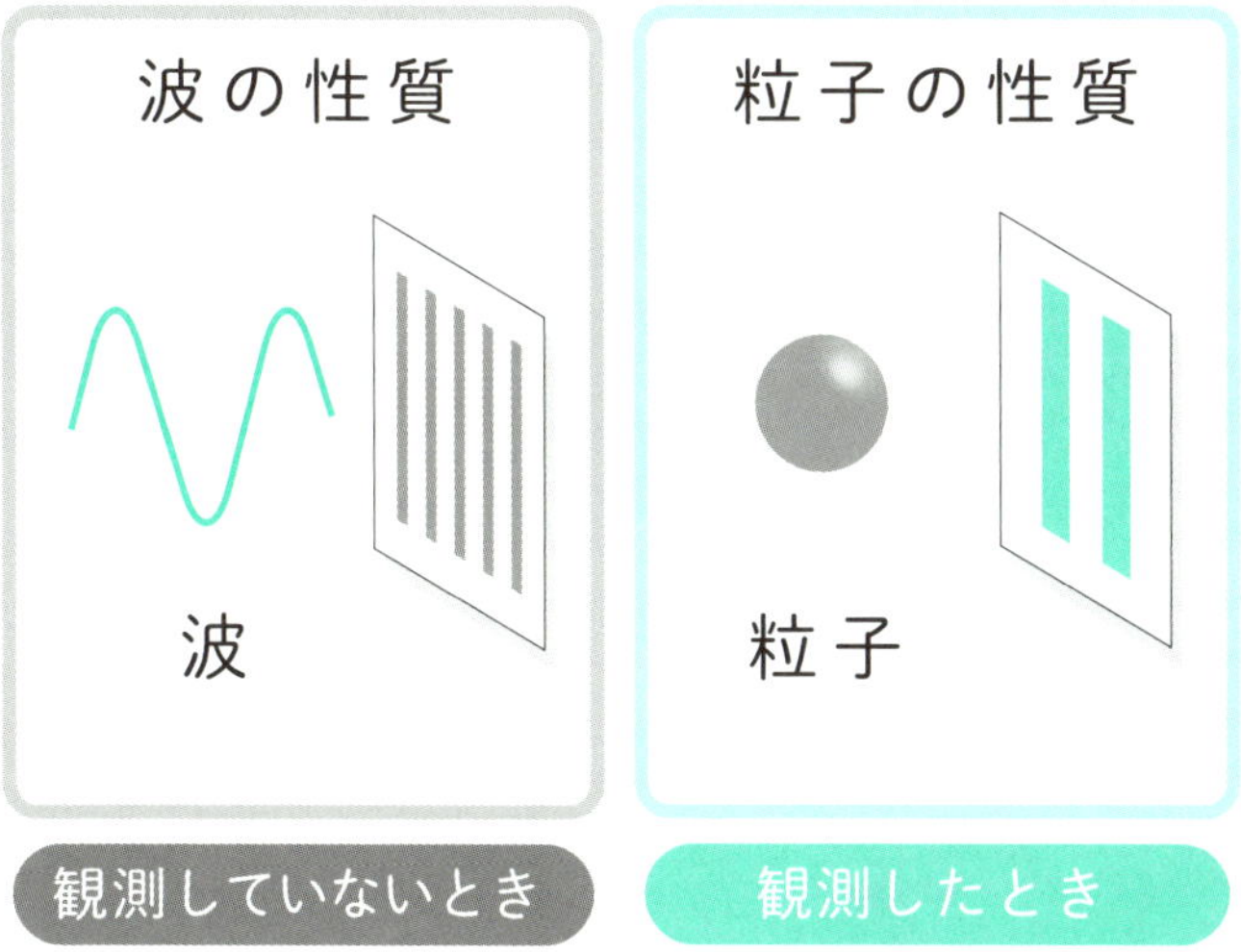

し出すと考えられています。

ヤングは実験で「光の正体は波か粒子か」を証明しようとして、波であることを確認しました。

ですがその後、アインシュタインが1905年に「光はエネルギーの小さな塊である粒子である」という光量子仮説を提唱し、1923年にアーサー・コンプトンによってこの仮説が実証され、光は粒子でもあることが確認されました。

つまり、これらの実験から、**光子や電子などの素粒子には波と粒子の2つの性質（これを二重性という）がある**ことがわかったのです。

☆思考実験「シュレディンガーの猫」という問題提起

量子力学では、観測されるまでは素粒子が2つ以上の状態を同時に表すことを「重ね合わせの状態」、または「状態の共存」といいます。

これに対して問題提起をした物理学者がいます。

量子力学の世界において欠かすことのできない人物である、オーストリアの物理学者エルヴィン・シュレディンガーです。

物理学や量子力学に多少なりとも興味がある人であれば「シュレディンガーの猫」という言葉を聞いたことがあるかもしれません。

シュレディンガーは「シュレディンガーの猫」という有名な思考実験、(頭の中だけで行ったもの)によって、ミクロ世界の現象がマクロ世界＝目に見える世界の現象に影響を与えるかどうかを検証しようとしました。

ある箱の中に、1匹の猫と、毒ガス発生器、放射性物質、放射線検出器を入れて蓋をします(外から中の状態は確認できません)。放射性物質が原子崩壊して放射線が検出されることで毒ガスが発生する仕掛けをつくり、放射線が放出される確率は50%とします。

この状態で中の放射線検出器を起動させたとします。

さて、中にいる猫は生きているでしょうか? 死んでいるでしょうか?

このとき、可能性としては2つあります。

① 放射線が放出された場合:毒ガスが発生して猫が死んでいる

② 放射線が放出されなかった場合:毒ガスが発生せず猫が生きている

ですが、箱を開けて観測する前では2つの可能性はどちらもあり得るわけです。

つまり、箱の中には「生きている状態の猫」と「死んでいる状態の猫」の2種類の猫が同時に存在しているといえるのです。

● シュレディンガーの猫

観測者
箱を開けるまで、猫が死んでいるか、生きているか、わからない
生きている猫
死んでいる猫
箱を開けて観測するまで、
猫が生きている状態と死んでいる状態が共存している？
放射線検出器
毒ガス放出
検出器が放射線を感知すると、ハンマーがビンのほうに倒れる！
放射線
放射性物質
ビンが割れると、毒ガスが発生する

「そんなバカな！　装置が起動した以上、どちらかの結果になっているはず」

そんな風に感じたかもしれません。

シュレディンガーがいわんとしたこともまさにそれです。頭では理解できたとしても、現実にはそんなことが起こり得るはずがない。

つまり、ミクロ世界の現象（原子崩壊による放射線放出）で起こることがマクロ世界（猫の生死）に影響を及ぼすのはおかしいと唱えたのです。

このように書くと、まるで目に見える世界と目に見えない世界の関係性が否定されたように感じるかもしれません。

実際に思考実験「シュレディンガーの猫」の登場によって、量子力学の世界にはさまざまな新しい解釈が生まれました。

☆観測問題に対する2つの解釈

観測者効果の要因が物理学者の間で長年議論され、現在までにさまざまな解釈が生まれています。

その代表が「コペンハーゲン解釈」と「多世界解釈」です。

コペンハーゲン解釈は、1955年にドイツの理論物理学者ヴェルナー・カール・ハイゼンベルクによって初めて使われた言葉です。名称はデンマークの首都コペンハーゲンにあるボーア研究所に由来します。

コペンハーゲン解釈では素粒子の位置や状態は観測されるまで特定できず、空間の各点ごとの存在確率の大小としてしか把握できないとしています。

また、「電子は無数の可能性の重ね合わせの状態で、本来は波のように存在確率の分布を広げている電子が、観測された瞬間に一点に収縮し、波の状態から粒子の状態になる」

としています。

コペンハーゲン解釈に基づくと、「シュレディンガーの猫」の実験では箱を開けて観測するまでは、猫は生きている状態と死んでいる状態の重ね合わせにあるとされます。つまり、猫は「生きている」と「死んでいる」の両方の状態に同時に存在しているという奇妙な状況になります。

一方で、**多世界解釈では「世界はあらゆる可能な状態が存在しており、観測するたびに宇宙は可能な結果に対応する世界に分岐していく」と考えます。**

この解釈は1957年にアメリカの物理学者ヒュー・エヴェレットが提唱しました。

ヒュー・エヴェレット

エヴェレットのこの解釈は、マサチューセッツ工科大学教授の物理学者マックス・テグマークによって「マルチバース理論（多元宇宙論）」にまで発展しています。テグマークはマルチバース理論を提唱し、理論的には10の500乗通りの宇宙が存在するそうです。

ほかにも、アメリカの理論物理学者リサ・ランドール

（ハーバード大学の教授）は「5次元宇宙論」を提唱しています。

要するに、これらの理論は、この世界には私たちが住む世界とは別次元の宇宙が多数存在しているというパラレルワールド（並行世界）が存在していると主張しているのです。

「シュレディンガーの猫」の実験では、あらかじめ「箱を開けて猫が生きている世界」と「箱を開けて猫が死んでいる世界」が、観察者も含めて分岐して存在していると考えます。

☆量子テレポーテーションでわかる「観測前の可能性」

コペンハーゲン解釈と多世界解釈の2つのうち、最近では多世界解釈の考え方が支持されつつあります。

なぜなら、量子の重ね合わせの状態だけでなく、「量子テレポーテーションの原理」も多世界解釈で説明できるからです。

テレポーテーションという言葉が使われているので、量子が別の空間に瞬間移動するようなイメージを持つかもしれませんが、そうではありません。

量子テレポーテーションとは、「2つの量子があるとして、その2つがペアになった場合に、1つの量子が観測によって『状態A』になった瞬間に、量子の状態がどんなに離れていても、もう1つの量子は『状態B』として確定する現象」のことです。

わかりやすい例として一組の手袋で考えてみます。

あなたは一組の手袋（靴下でも構いません）を持っています。あなたが一組の手袋のどちらか片方ずつを2つの紙袋に分け入れて、中身がわからないようにします。そして片方をA君に、もう片方をB君に渡します。

A君とB君にはそれぞれ北海道と沖縄へ飛んでもらいます。ここではA君が北海道、B君が沖縄としましょう。北海道と沖縄の距離は大体2200㎞です。

次に、あなたはA君に電話をかけて紙袋の中身を確認してもらいます。ここでは「右手用の手袋」だったとしましょう。その瞬間、B君の持っている紙袋の中身は「左手用の手袋」だということが判明します。

このときのポイントは、紙袋の中身が判明した瞬間に、A君には「B君の紙袋の中身がわかること」です。同じようにあなたがB君に中身を確認してもらった場合でも、瞬間的にもう片方の紙袋の中身がわかるわけです。

今回は手袋を例にしましたが、実際は一度ペアとなった光子などの素粒子同士が、どんなに遠く離れていてもお互いに影響し合う「量子もつれ」という物理現象を利用して情報を転送する技術を、量子テレポーテーションといいます。物体が瞬間移動するわけではないので誤解のないようにしてください。

通常の物理学の世界では「原因があって結果がある」という因果関係が存在します。「シュレディンガーの猫」でいえば、「毒ガスが発生したから猫が死んだ」「毒ガスが発生しなかったから猫が死ななかった」ということです。

ですが量子力学の世界では、観測する前にいろいろな可能性が存在しています。「猫は死んでいるかもしれないし、生きているかもしれない」わけです。

多世界解釈では、私たちの住んでいる宇宙とは別の宇宙が同時に存在していると考えます。観測したらAになる世界、Bになる世界などが同時に存在しているわけです。

原因があって結果があるのではなく、いろいろな可能性のある宇宙が存在します。そのような意味で量子の世界は、私たちの常識ではあり得ないことが確認できる世界なのです。

☆アインシュタインの関係式でわかった「万物はエネルギー」

先述したように、分子や原子や素粒子のような目には見えない領域のものを量子といい、量子は波と粒子の両方の性質を併せ持ったエネルギーの単位です。

そして、万物は素粒子（量子の分類の1つで、最小単位）でできています。

ということは、万物の根本はエネルギーだということもできます。

話が飛躍しないよう、1つずつお伝えしていきましょう。

東京大学宇宙線研究所の素粒子観測施設（XMASS《エックスマス》）の実験データによると、「宇宙で目に見える物質はたった5％」しかないということがわかっています。

宇宙が何でできているかを調べてみると、目に見える＝観測できる物質は全体のたった5％で、残りの95％のうちの27％は未知の物質（ダークマター）で、68％はダークエネルギーと呼ばれている正体不明のもので占められているそうです（この2つに関しては次章で詳しく解説します）。

私たちは光が反射するものは目に見えますが、宇宙の観測ではX線や赤外線などの電磁波を利用して観測してもまったく見ることができないものに「暗黒（ダーク）」という呼び名をつけています。

5％が目に見える物質世界であり、95％が目に見えない物質とエネルギーの世界——それぞれの世界のエネルギーを関係式で表した、誰もが知る天才物理学者が存在します。

相対性理論で知られるアインシュタインです。

アインシュタインといえば次の公式でしょう。

$$E=mc^2$$

E＝エネルギー、m＝物質の質量、c＝光の速度を表しています。

この式は、**エネルギーがあるものは物質に変換でき、物質もまたエネルギーに変換できることを示しています。**質量とエネルギーは等価交換できるお互いの一形態なのです。

アインシュタインは特殊相対性理論からこの式を導き出しました。

またアインシュタインは、前述したように、量子の存在に初めて気づいたプランクの式を研究しているうちに、**「光量子仮説」**という仮説を提唱しました。

素粒子の1つである光子が粒子として振る舞うことを示す仮説で、ヤングの二重スリット実験で証明された従来の考え方、「光は波の性質を持つ」に反論するものでした。

そして、光子が持つエネルギーを次の式で表しました。

E＝hν《ニュー》

E＝エネルギー、h＝プランク定数、ν＝周波数を表します。

つまり、**光の周波数が高いほどエネルギーが大きくなる**のです。

アインシュタインの光量子仮説は、その後の量子力学の発展に大きく貢献しました。それまで波の性質を持つと考えられていた光子が粒子として振る舞うことが示され、その他の電子などの素粒子にも、同様の波の性質と粒子の性質の二重性があることが示唆されたからです。

話がかなり遠回りになってしまいましたが、この2つの関係式によって目に見える世界も目に見えない世界も、どちらも「エネルギー」に変換できることがわかりました。

万物は素粒子でできており、その素粒子はエネルギーに変換できます。

つまり、**万物の根本がエネルギーだといえる**わけです。

☆超弦理論によって紐解かれた万物の固有の振動

量子力学（物理学）の世界で、現在、最も〝矛盾がない〟とされている理論（仮説）に「**超弦理論（超ひも理論、スーパーストリングス理論）**」があります。

宇宙の姿や誕生のメカニズムを解き明かし、同時に量子（原子、素粒子、クォーク）の世界を説明できる仮説として、超弦理論はほぼ矛盾なく高度に完成しているといわれています。

超弦理論では、あらゆる物質の最小単位を輪ゴムや糸くずのような「ひも」としています。ひもがまるで弦楽器の弦のように振動することで、電子やクォークなどのさまざまな素粒子を生み出していると考えられています。

ギターの弦の振動によってさまざまな音色が奏でられるように、ひもの振動の違いが素粒子の違いを生み出しているわけです。

すべての物質が固有の周波数で振動していることはすでに解明されています。

1918年にノーベル物理学賞を受賞した量子論の創設者マックス・プランク（物理学者）は、次のような言葉を残しています。

「すべては振動であり、その影響である。現実に何の物質も存在しない。すべてのものは振動で構成されている」

●超弦理論

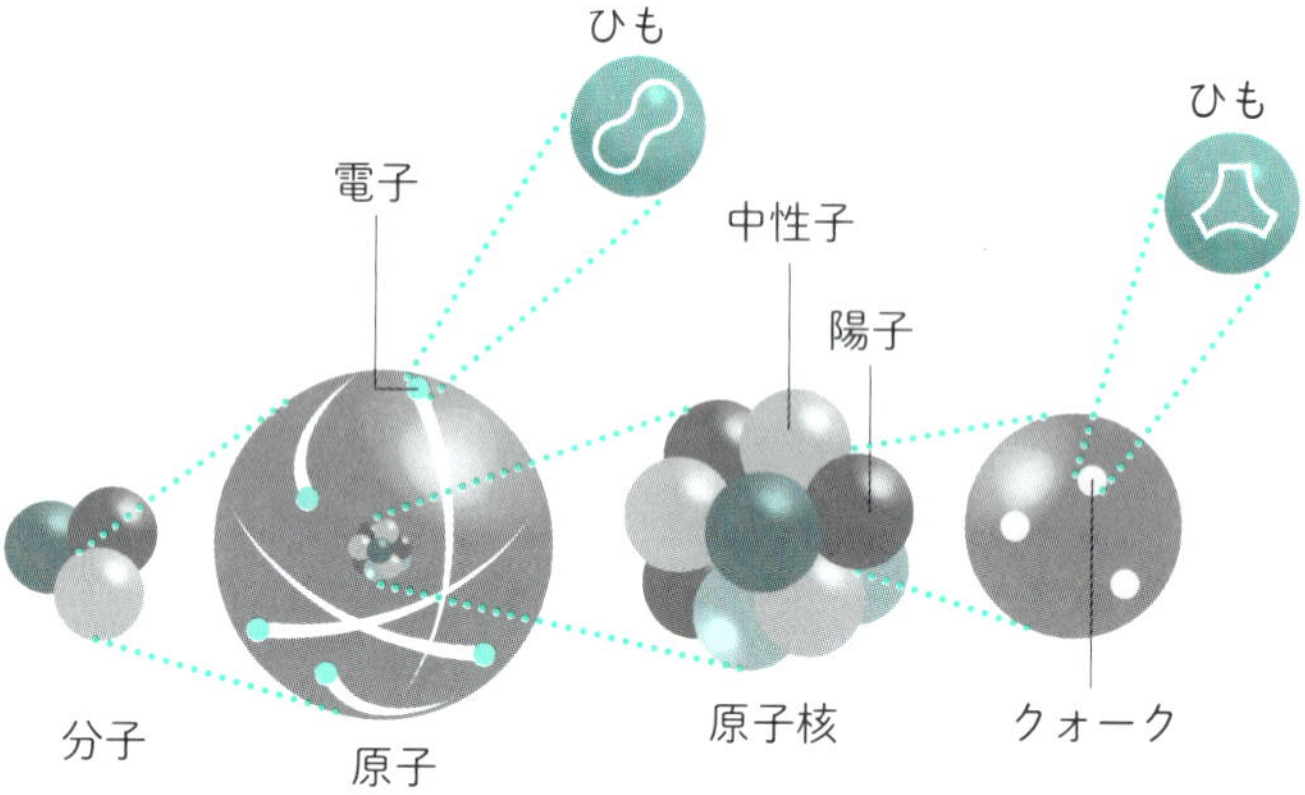

周波数とは1秒間に振動する回数のことで振動数とも呼ばれます。これは物理的な振動によって生じた波の動きを数値化したもので、例えば100Hz《ヘルツ》とは1秒間に100回の振動をしたことを示しています。

現時点で超弦理論は仮説の段階であり、実証するためには人類が扱える範囲を遥《はる》かに超えたエネルギーが必要になるそうです。ですが、**あらゆる物質が振動し、固有の周波数を発している**ことは確かです。そして、**固有の周波数を出すもの同士が結びつくことで物質が形成されています。**

このことは後にお伝えする内容にも関わってくるので、頭の片隅にとどめておいてもらいたいと思います。

量子力学的アプローチで「運命をひらく方法」を考える

本章では、量子力学の基礎知識として複数のことをお伝えしました。
改めてまとめると、

- 量子力学はミクロの世界で成り立つ自然の法則を研究する学問
- 人間も含めたあらゆる物質は素粒子でできている
- 素粒子には観測の有無によって波と粒子の二重性がある
- 世界は観測されるまでは無限の可能性を秘めている
- 出来事の数だけ世界は多数に分岐（パラレルワールド）している
- 目に見える物質は5％、目に見えない物質とエネルギーが95％

●「$E=mc^2$」「$E=h\nu$」の式で万物はエネルギーに変換できる
●固有の周波数を出すもの同士が結びついて物質が形成される

ということになります。

これらは現在までに解明されている、もしくは仮説や解釈がなされている事実であり、この世界や宇宙を解明するための手がかりです。

それぞれの理論や仮説や解釈を語るだけでも1冊の本が書けるくらいに複雑なので、本章だけではとても説明しきれていない部分があるのも事実ですし、量子力学の分野における理論や仮説においては、この他にもたくさんのものがあり、すべてを紹介しきれなかったことも事実です。

ただ、本書はあくまでも「量子力学的アプローチで運命をひらく本」であり、この先の内容に必要な部分を抜粋し、かつ物理学に詳しくない人でも理解してもらえるよう、お伝えしてきました。

次章では、本章の量子力学の基礎知識をベースに、ここからアナロジー化できる世界の法則（宇宙や世界のこと、人間のこと）について言及してみたいと思います。

そして、そこから導き出された運命をひらく方法論として「７つの習慣」をお伝えしていきます。

ただそのためには、本章でお伝えした量子力学の基本的な考え方や、どのような視点で宇宙や世界を見ているかを理解しておいてもらう必要があります。

読み進めるにあたって、もしも必要であれば再度本章に戻ってくるか、改めて読み直す形で復習をしてもらえればと思います。

量子力学から類推できる「運命」の仕組み

第2章

☆量子力学的に世界や人生を再定義する

普段、私は脳科学、心理学、量子力学をベースに科学的コーチングメソッド「量子力学コーチング」を確立し、セミナーや講演会、個別セッションを通して多くの方々の願望実現のお手伝いをしています。

コーチングでは、相手の話を傾聴し、質問をして願望や目標や人生の目的などを〝相手の口から〟引き出します。そしてこれから先の行動を促していきます。

ただそのときに、欠かすことのできない要素があります。それは、出てきた答えが「本人が納得したもの」でなければならない、ということです。

人間には、「本当に納得し、腑《ふ》に落ちたことしか信じられないし行動できない」という特徴があります。右脳で何となく良さそうに感じても、左脳で腑に落ちるレベルで納得しないと本気で取り組めないのです。

そして、世の中の成功法則は、どれも知るだけで終わらずに、本気で信じて実行しなければ効果を発揮しません。

私は量子力学という自然の法則を研究する学問の知識を通して、人間が自分の運命をひらくための方法論をアナロジー的に解説し、結果として多くの方の願望を実現させ、運命をひらいてきました。

興味深いことに、人生の成功法則には量子力学的に解説をすることで、自然と腑に落ち、納得することがたくさんあります。実際に本書では、私が10年前から実践してきた量子力学的な考え方や習慣をベースに、運命をひらくポイントを「7つの習慣」として紐解《ひもと》いていきます。

そのためにはまず、第1章で量子力学の基本的な知識をあなたに身につけてもらう必要がありました。

前章でお伝えした内容は、自然科学の理論以外に解釈や研究中の事柄などが含まれてはいますが、どれも事実をベースにしたものです。

そして本章からは、そこから類推（アナロジー化）できる運命をひらくための方法論について言及していきたいと思います。

具体的な7つの習慣は次章に回しますが、まずは量子力学的アプローチで世界や人生をどのように再定義できるかを知ってもらいたいと思います。

☆運命とは何か？　宿命とは何か？

そもそも「運命」とは何でしょうか？

自分の力でひらけるものなのでしょうか？


運命について考えるときには、「宿命」と比較するとわかりやすくなります。

宿命とはあらかじめ決められた、自分の力では変えられないもののことを意味します。

生まれた国、人種、家、生年月日、生物学的な性別などは宿命なので、基本的には変えられません。

例えるならゴルフコースのようなもので、どこにバンカーや池があって、グリーンまでの距離はどのくらい、といったあらかじめ決められたもののことです。

物理の世界でいえば古典力学です。ニュートン力学で、決まった角度で投げたボールがどこに落ちるかが予想できるように、あらかじめ決められていて自分で変えることができないものです。

フランスの科学者ピエール＝シモン・ラプラスは、ニュートン力学を発展させて「ある時点における宇宙のすべての物質の状態を厳密に知っている生物がいたら、それは宇宙の未来を予言できるだろう。つまり、未来は決まっていることになる」と考えました。この仮想の生物は〝ラプラスの悪魔〟と呼ばれています。

一方で、**運命はその時々の選択によって変えられるもの**です。

生まれた国や人種は変えられなくても国籍は変えることができます。

同じ時間、同じ場所に生まれた双子であっても、どのような運命をたどるかは異なります。違う学校へ行き、違う就職先に勤め、違うタイプの人と結婚する……など、自分で選択することができます。

ゴルフの例えでいえば、決められたコースの中で何番のクラブを使い、どこにボールを打ち、何打でボールをカップに入れられるかは自分次第です。トレーニングを積んでアンダーパーを狙うことだってできます。

量子力学的にいえば「不確定性原理」の考え方です（不確定性原理については後述します）。量子力学によれば、仮にラプラスの悪魔がすべての情報を知り得たとしても、未来を予測することは原理的に不可能であることがわかっています。

つまり、運命はいくらでも変えることができるのです。

自分の運命がひらけないと考えている人の多くは、運命ではなく宿命を変えようともがいていることがよくあります。

先のゴルフの例でいえば、自分のゴルフの腕を上げたりクラブの種類を変えたりするよりも、バンカーを埋めようとしたりティーイングエリアからグリーンまでの距離を縮めようとしたりしているのです。もちろん、それはできないので結果的に現実が変わらないことを嘆いています。

ですが、そもそもの問題として運命と宿命が違うこと、そして変えるのであれば宿命ではなく運命であることをまず知ってもらいたいと思います。

「運命」なら変えられます。あなたが望むようにひらくことができるのです。

☆不確定性原理で学ぶ「人生の曖昧さと確率性」

前項で「不確定性原理」について触れましたので解説します。

不確定性原理とは「素粒子の位置と運動量の両方を同時に正確に計測することができない」という原理のことです。

1927年にハイゼンベルクによって提唱された量子力学の根幹をなす有名な原理であり、「ハイゼンベルクの原理」と呼ばれたこともあります。

第1章の内容を思い出してもらいたいのですが、原子の中には原子核と電子が存在するということでした。

原子を模型にしたものに、原子核の周りを電子（素粒子）がグルグルと回っているものがありますが、これは正確ではありません。

正確には、電子は原子の中の〝どこか〟にあるのです。

そして、その位置は特定することができません。例えばA地点かもしれないし、B地点かもしれないのです。

さらに、電子がどこにいるかが特定できないということは、電子の位置と速度を同時に正確に計算することもできないことを意味します。

もしも「位置」を正確に特定しようと思ったら、止まっていること＝速度がゼロになりますし、速度を正確に計算しようと思ったら、動いている＝位置が常に変化していることになるからです。

この原理から、人間の未来もこの先何が起こるかわからない、曖昧で確率的に決まるものと考えることができるということを、見ていきましょう。

☆電子の存在確率を計算する「シュレディンガー方程式」

そんな、どこかに存在する電子などの素粒子ですが、「波動関数」を用いることによって、その位置を表現することができます。特定ではなく、あくまで〝表現〟です。

波動関数は、文字通り波の形を表現するための方程式で、シュレディンガー方程式の解とされるものです。シュレディンガー方程式は、波動関数が時間とともにどう変化していくかを数式で記述したものです（78ページ参照）。ここで波動関数はψ《プサイ》という記号で表しています。Hは全エネルギーを表す「ハミルトニアン」と呼ばれる演算子です。iは虚数で、二乗すると−1になる想像上の数です。hは「プランク定数」という一定の数値（6.63×10^{-34}Js）のことです。

素粒子は観測される前は波であり、観測されると粒になる二重性を持っていましたね。

シュレディンガー方程式を解くことで、**「素粒子がどんな形の波を持ち、波が時間の経**

シュレディンガー方程式

$$i\frac{h}{2\pi}\cdot\frac{\partial\psi}{\partial t}=H\psi$$

- i：虚数の記号（$i=\sqrt{-1}$）
- h：▶プランク定数　h=6.63×10^{-34}Js（ジュール・秒）
- π：円周率
- ψ：▶波動関数　プサイと読む。ある時刻・ある場所における物質波の状態を表す。複素数で表現される
- $\frac{\partial\psi}{\partial t}$：波動関数の時間（t）ごとの変化の割合（∂は微分の記号。デルまたはラウンドディーと読む）
- H：▶ハミルトニアン（量子系の全エネルギー）という演算子

シュレディンガー

この方程式を解けば、素粒子がどんな形の波を持ち、その波が時間の経過とともにどう伝わるかを計算できる

資料：佐藤勝彦・監修『［図解］量子論がみるみるわかる本（愛蔵版）』を参考に作成

過とともにどう伝わるか、どのポイントで観測される確率が高いか（低いか）」を計算することができます。そして、その確率は波の形（波動関数）になっているのです。

例えば、ある時刻において観測される前の電子の位置は、79ページの図のような「波動関数」のグラフで表現することができたとします。波が高いほど、電子が存在する確率が高いことになりま

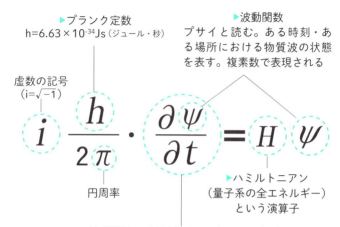

●電子の波（波動関数）のグラフ（観測する前）

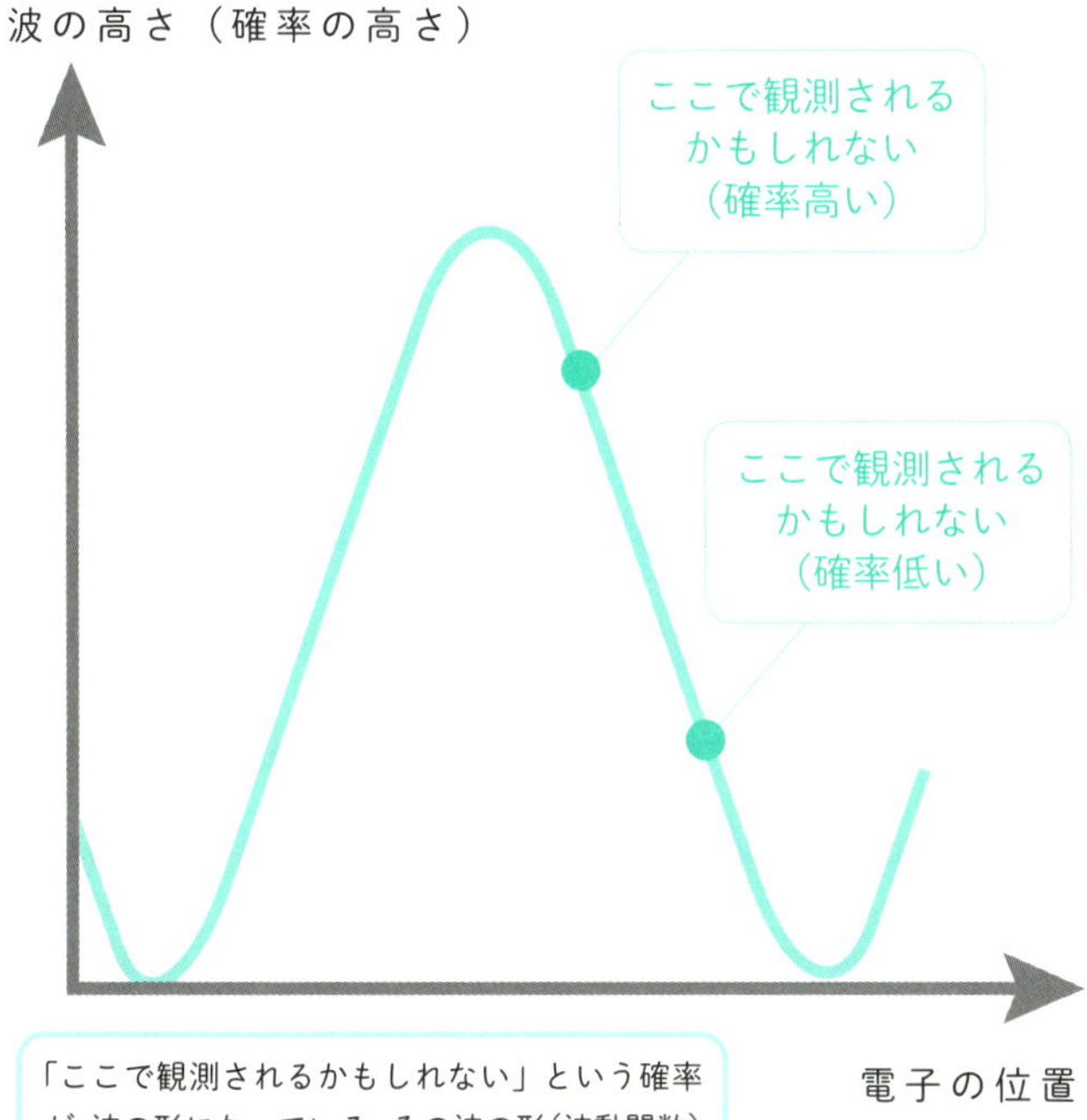

「ここで観測されるかもしれない」という確率が、波の形になっている。その波の形（波動関数）は、量子力学の基本方程式であるシュレディンガー方程式で計算することができる

す。

そして、たまたま位置Aで観測されたとします（80ページ下図）。位置Aに電子が存在することは確定しているため、波動関数は、80ページ下図のように変わります。このとき、「観測によって波動関数が収縮した」と呼びます。

つまり、シュレディンガー方程式を解くことで電子の位置の波動関数が導き出され、その電子の

● 観測によって波動関数が収縮する（観測前→観測後）

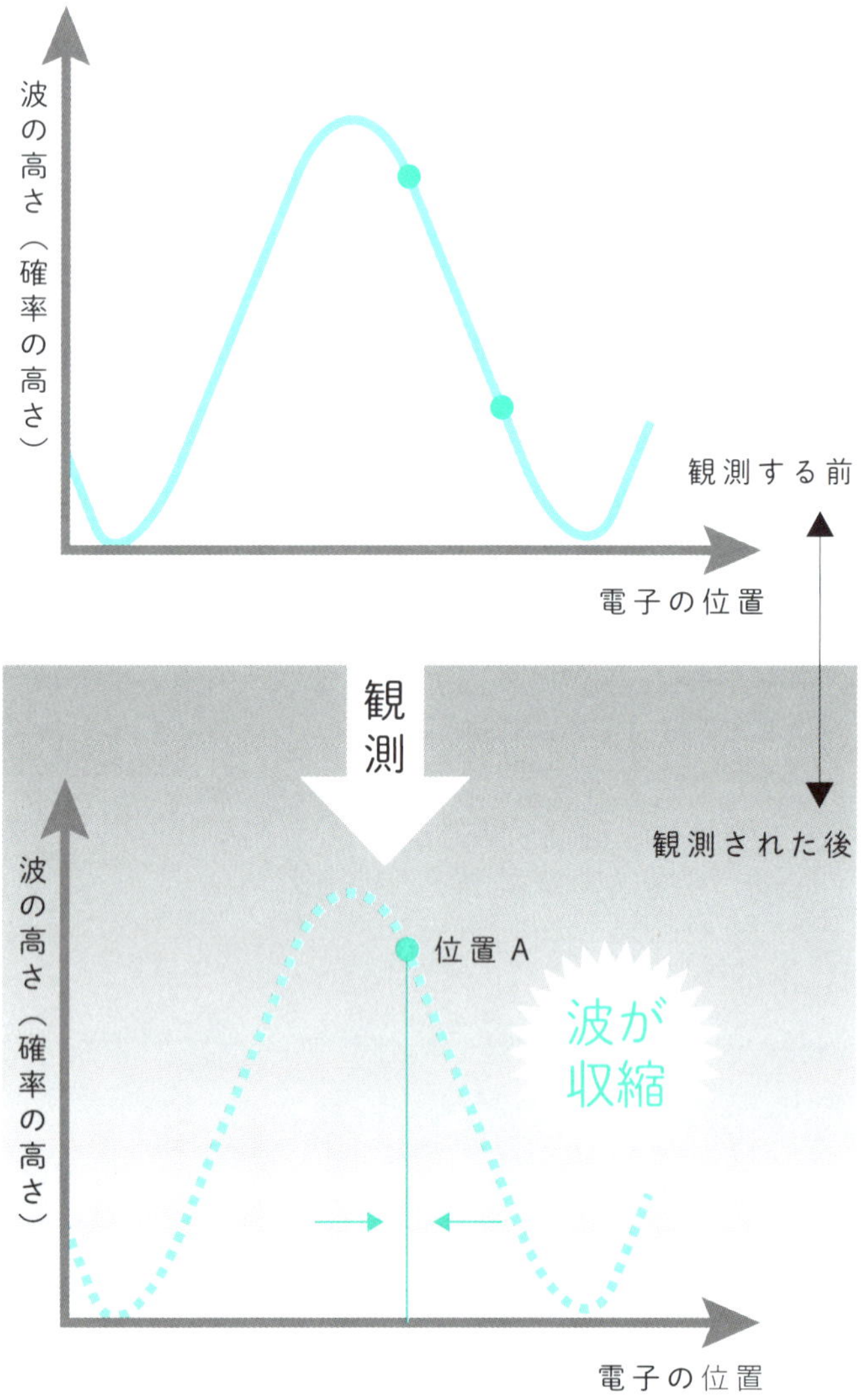

存在確率を計算することができるのです。実際の電子の存在確率は波動関数ψの絶対値の二乗で計算されます。

シュレディンガー方程式は難解ですので、本書では詳細は割愛させていただきます。

☆宿命の中で「最高の結果」としての運命を生きる

「電子がどこにあるか」が確率的にしか表現できない曖昧なものであるのと同じように、人間の未来もまた、この先に何が起こるかわからない、曖昧で確率的に決まるものと考えることができるでしょう。つまり、人生とは曖昧なものなのです。

宿命は変えられず、運命は変えられるのであれば、「運命をひらく」とは思い通りにいかないことがある中で、最高の結果を出そうとする行為にほかなりません。運命をひらいていくには、置かれた状況に合わせて自分にできる「ベスト」な選択肢を選ぶことを継続することが必要なのです。

本書ではそのための方法論をお伝えしていきます。

☆私たちが認識できるものはたった5%しかない

量子力学的に私たちの人生を再定義し、運命をひらいていくためにまず知っておいてもらいたいのは、「私たちが認識できているものはたった5%に過ぎない」ということです。

第1章で、宇宙の構成について、目に見える物質が5%で、残りの95%は観測できない暗黒物質（ダークマター、27%）や暗黒エネルギー（ダークエネルギー、68%）であることをお伝えしました。

「ダーク」というのは観測できないからであって、存在していないからではありません。私たち人間にとって光に反射するものは目に見えますが、反射しないものは光学的に観察できないのです。

ただ、ダークマターもダークエネルギーもその存在自体はわかっています。

宇宙の組成割合

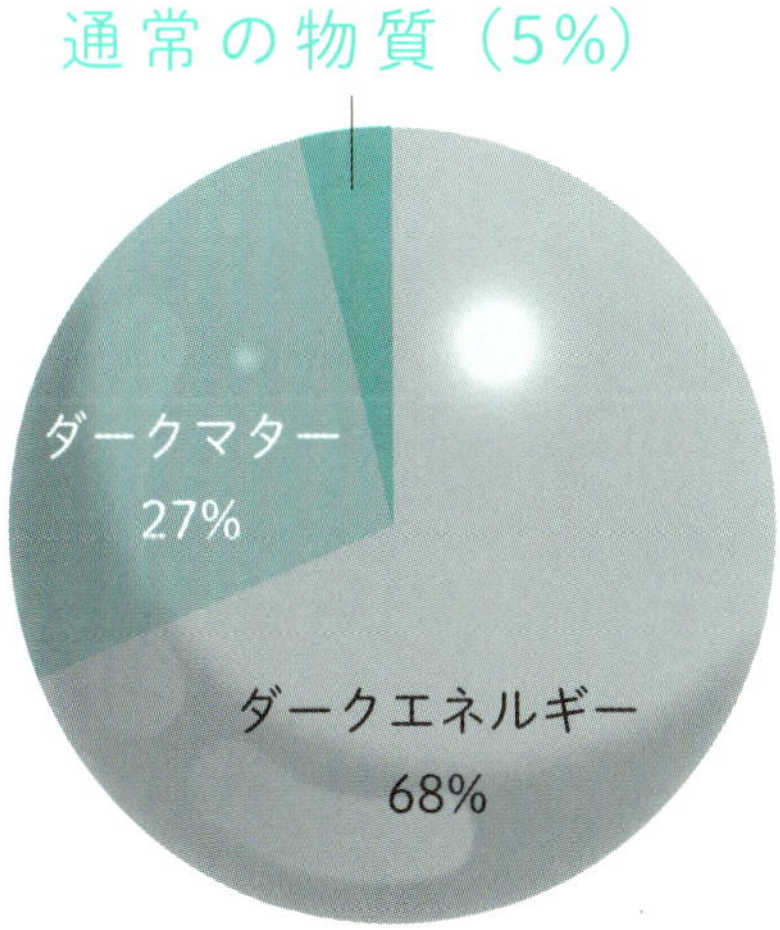

資料：東京大学宇宙線研究所　XMASS データ

その根拠はニュートンの万有引力の法則にあります。

万有引力の法則は、「すべての物質は質量がある限りお互いに見えない引力で引っ張り合う」というものです。つまり、あなたもあなたの目の前にあるこの本も、質量を持っているため互いに引力で引っ張り合っているわけです。

この前提をもとに、１９７０年代後半に渦巻き銀河の回転速度分布が観測されたことへと話は発展します。銀河内の明るい星や星間ガスとは別に、光学的には観測できないが重力を感じる物質の存在が立証されました。

要するに、宇宙空間には光学的には観測できない銀河系の回転運動に引力の影響を与えている物質が存在していることが、計算上わかったのです。

それが「ダークマター（暗黒物質）」です。そしてダークエネルギーとは、宇宙の膨張を加速させる元となる未知のエネルギーのことです。

☆顕在意識と潜在意識の関係

これらの事実をもとに、今度は「意識」という分野で類推すると、目に見えるものが5％で目に見えないものが95％というのは、心理学でいう「顕在意識」と「潜在意識」に該当すると考えられます。

心理学では、人間の意識は次の3つに分類されています。

●顕在意識：普段、私たちが認識している意識。モノを考えたり、何かを判断したり、何かを希望したりするときの意識。

●潜在意識：私たちが認識できない領域の意識。自覚はしていないものの行動や判断や言動に影響を与えている。「無意識」ともいわれる。
●集合的無意識：個を超越した人類共通の無意識領域。

このうち顕在意識と潜在意識の関係は、オーストリアの心理学者ジークムント・フロイトによると、次のようなものです。

《意識全体を大きな氷山に例えると、そのほとんどが海に沈んでいる潜在意識である。人間が自分で意識できる顕在意識は、海面から顔を出したほんの氷山の一角に過ぎない（意訳）》

また、『マーケターの知らない「95％」』（CCCメディアハウス）を執筆したニューロマーケティング（脳の活動によって人間の無意識から生じる行動原理を明らかにするマーケティング手法）の世界的権威であるA・K・プラディープ博士は、著書の中で次のようにいっています。

●顕在意識と潜在意識

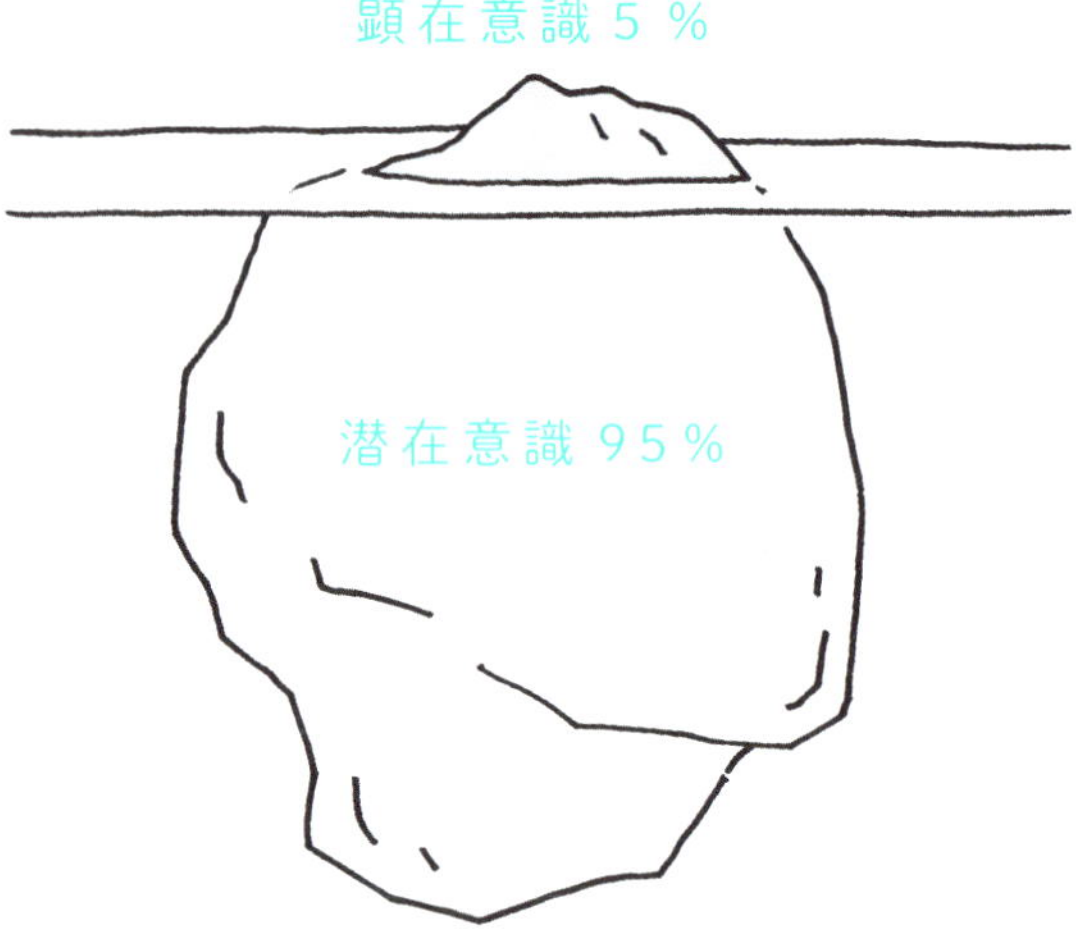

《人間の脳の情報処理は、95％が潜在意識で処理されている》

「目に見える５％」と「目に見えない95％」を人間に置き換えると、「認識できる５％」と「認識できない95％」ということになります。

そして、潜在意識は私たちが認識していない「無意識」のレベルでの欲求や願望を表していますから、無意識は私たちの思考や言動に大きな影響を与えていることになります。つまり、人間が「意識しているつもりで発している言動」は、実は「潜在意識の影響下にある」ということになるのです。

「ゼロポイントフィールドへの質問」が運命をひらく第一歩

素粒子が波と粒子の二重性を持っていることは何度もお伝えしていますね。観測することによって波そのものが粒子化するわけです。

人間の顕在意識と潜在意識は、それぞれ「認識できる意識」と「認識できない意識」と言い換えることができます。その割合は5：95です。

素粒子が観測によって波から粒になるのであれば、同様に私たちが認識できていない意識は波の状態、認識できている意識は粒子の状態といえます。

つまり、私たちが潜在的に持っている願望も、観測することによって粒子化させることができ、結果として思考が現実化するわけです。

●目に見える世界（認識できる意識＝顕在意識）＝粒子性の世界
●目に見えない世界（認識できない意識＝潜在意識）＝波動性の世界

人間は本来、無限の可能性を持った存在です。

すべての問いに対する答えは「ゼロポイントフィールド」にあり、そこにアクセスして情報をダウンロードすることで、答えを導き出すことができると私は考えています。

ゼロポイントフィールドとは、この世のあらゆる情報が集約されている場所のことです。

量子力学では未来はすべて決まっていませんが、ゼロポイントフィールドには過去、現在、そして未来のあらゆる可能性の情報があるといわれています。スピリチュアルの世界では**「アカシックレコード」**と呼ばれたりします。額の奥には、松ぼっくりのような形をした「松果体」と呼ばれる器官があり、ここが活性化すると、アカシックレコードにアクセスすることができるといわれています。

アメリカの預言者、心霊診断家のエドガー・ケイシーは、リーディングによって相談者の病気の原因を特定したり、治療に必要な情報を提供していたそうです。このとき、ケイ

● 量子場情報にアクセス

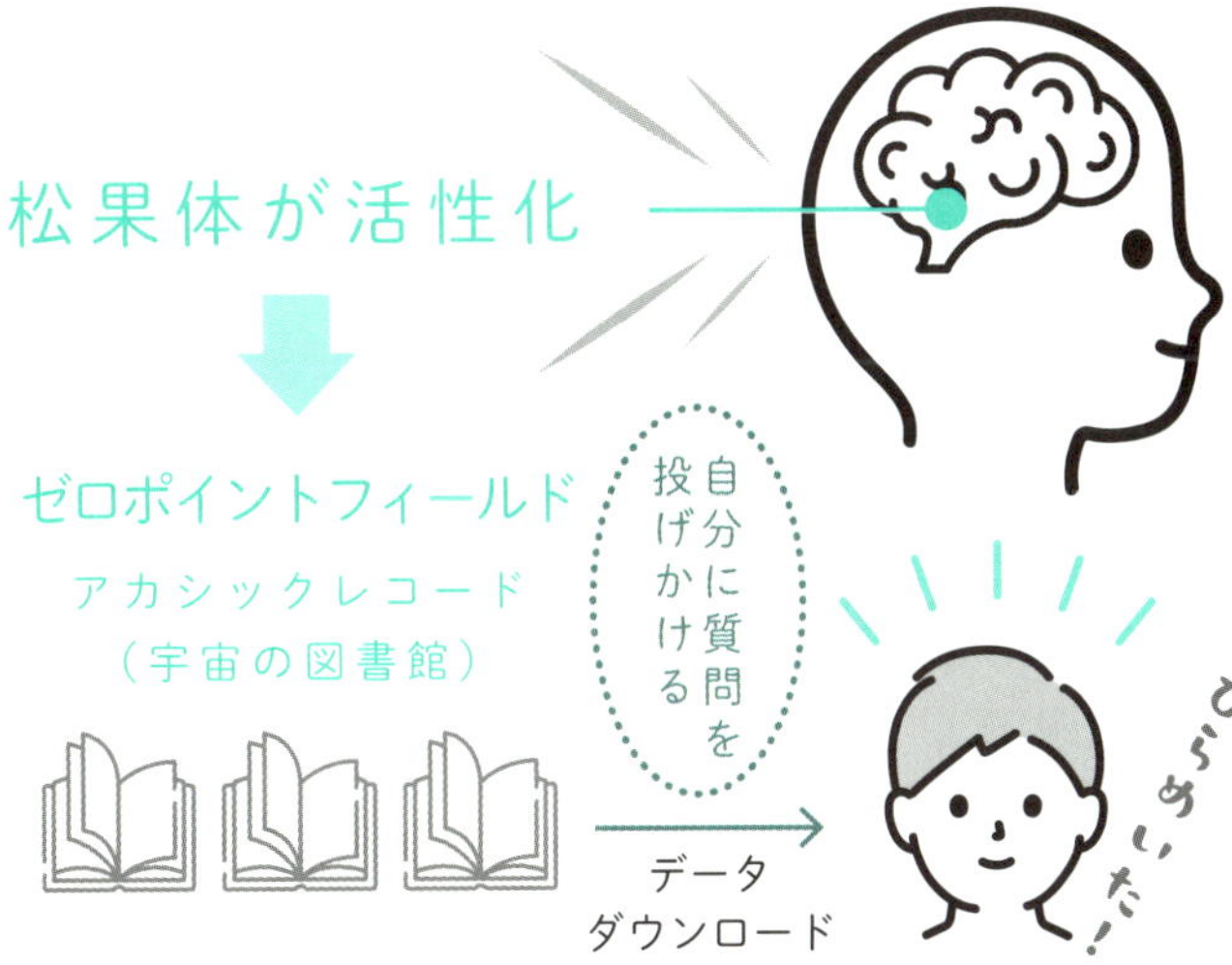

シーは、催眠状態という特殊な意識下で、相談者の潜在意識やアカシックレコードから情報を得ていたといわれています。

一般にコーチングは、質問によって傾聴し、相談者が自ら答えに気づいてもらうコミュニケーション技法です。それに対して量子力学コーチングでは、目をつむってイメージしながら脳波の状態をα（アルファ）波、θ（シータ）波に導き、催眠状態の相談者に質問を投げかけて答えを引き出します。

イメージとしては、自分の意識の中にGoogle や Yahoo! のような検索エンジンがあると思ってください。

インターネットではキーワードを打ち込

●見えない世界と見える世界

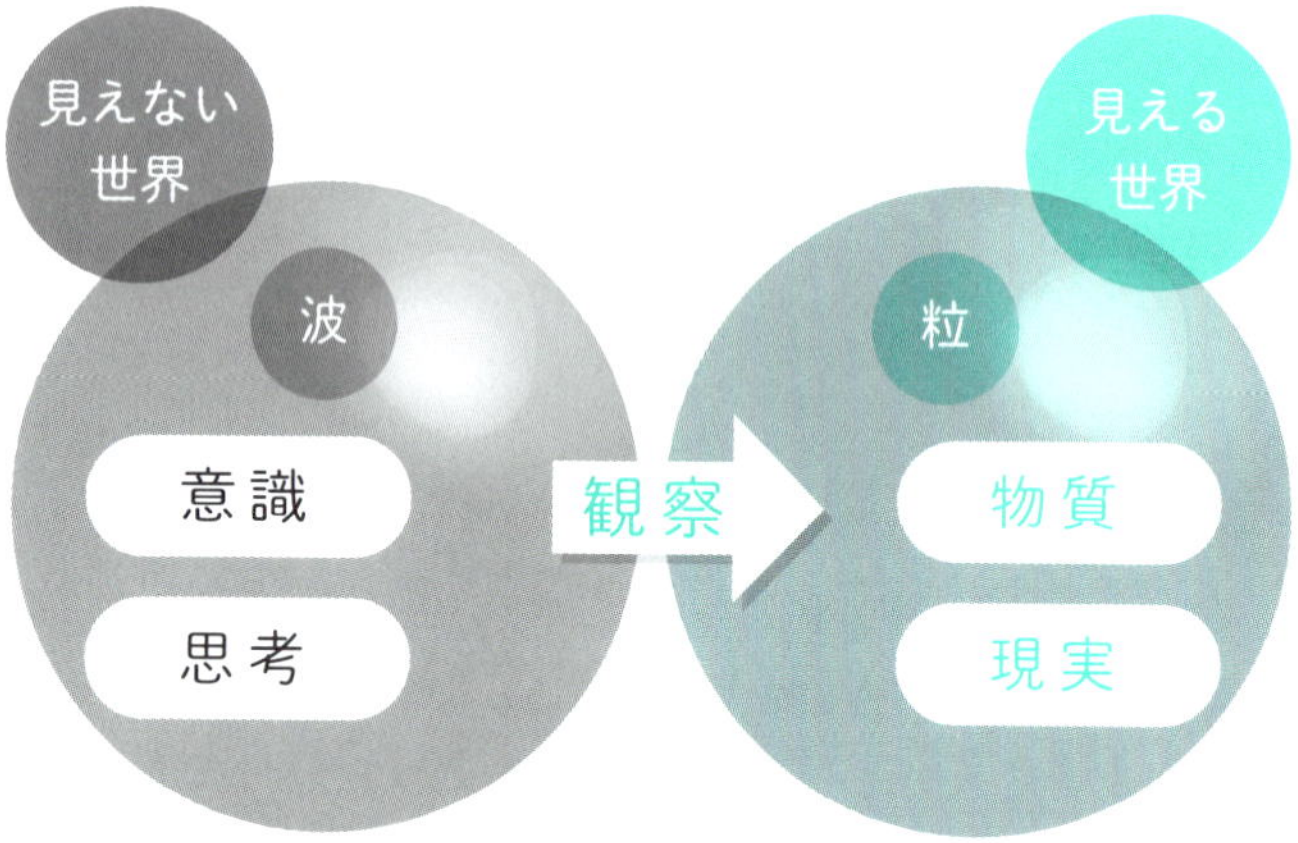

んで検索をかけますよね。同様に、あなたの意識にも「未来への質問」という形で質問を投げかけることで、引き寄せたい未来に形を与えることができるのです。

未来は無限の可能性が広がっています。これから起こることなので、まだ誰にも観測されていないため、波の状態であるといえます。

そこに質問をすると、頭の中にあるイメージが観測可能な言葉として可視化され、粒子化します。まさに電子などの素粒子が観測によって波動性から粒子性に変化するのと同じように、コーチングによる質問によって頭の中にあるもやもやした情報を、

見える世界と見えない世界

見える世界	見えない世界
Visible	Invisible
粒子	波
量	質
$E=mc^2$	$E=h\nu$
肉体	心
陽	陰
物質、モノ、お金	意識、思考、感謝
物質世界	精神世界
色	空
形	氣
この世	あの世

明確な言葉で言語化することができるのです。

ここで少しだけ試してみましょう。今からいくつかの質問をします。

どの質問でも構いませんのでピックアップしてください。そして質問に対して〝答えよう〟と思考を巡らせてみてください。

《今から1年後、あなたはどのような状態になっていたいですか？》
《もしもお金がいくらでもあるとしたら、何をしたいですか？》
《今、独身だとして、あなたの理想の結婚相手はどんな人ですか？》
《もしもあなたが総理大臣になれたら、どんな政策を実現したいですか？》

いかがでしょうか？

質問によって、あなたの中に今までなかったイメージが浮かんだはずです。これが質問によるインプットと、ダウンロードされた情報です。

質問ごとにダウンロードされる情報は異なります。これを私は「意識のチャンネルを変える」と呼んでいます。質問を変えることで意識の周波数が変わり、まるでテレビのチャンネルを切り替えるように必要な情報が得られるようになるわけです。

実際に運命をひらくには、理想イメージをもとにした行動が必要ですが、まずはこれが第一歩なのです。

☆ペンローズ博士との出会いが量子力学の世界に入るきっかけになった

ここで少し、私自身についてお話ししたいと思います。

現在《いま》でこそ、量子力学コーチとして1万人を超える方々に講演会やセミナーなどで量子力学的な生き方や考え方、成功法則などをお伝えしていますが、十数年前までは一介のサラリーマンでした。

私と量子力学が深く結びつくきっかけになった出来事は、大学院生の頃まで遡《さかのぼ》ります。

今から20年ほど前、慶應義塾大学の大学院生だった私はロボットの研究をしていました。研究テーマは「人工知能（ＡＩ）」でした。

現在ではChatGPTのような高性能なＡＩが登場していますが、その基礎研究は20年以上も前から行われていました。当時から、ＡＩの分野では生物の進化論を模した遺伝的アルゴリズムや、人間の脳の働きを模したニューラルネットワークという技術について研究されていました。

少しだけ解説をすると、遺伝的アルゴリズムとは「コンピュータに遺伝のメカニズムに似た操作を取り入れることで学習させる学習方法」のことです。

生物の進化の過程では、「環境に適応した、より強い個体が生き残り、環境に適応できない弱い個体は淘汰《とうた》される」という現象が起こります。遺伝的アルゴリズムではここから着想を得て、プログラム上で優秀な個体を次世代へと受け継ぐ仕組みによって人工知能を開発しようとしていました。

また、ニューラルネットワークとは「人間の脳に似た方法で意思決定を行う機械学習プログラム」のことです。

人間の脳は、シナプスと呼ばれる神経細胞と神経細胞の接続部によってネットワークがつながっています。電気信号を発して情報をやり取りする神経細胞のネットワークによって成り立っているのです。

これを人工的にコンピュータ上に再現しようとするのがニューラルネットワークで、ChatGPTもニューラルネットワークを活用した生成ＡＩです。生成ＡＩとは、文字などの入力に対してテキスト、画像、またはほかのメディアを応答として生成するＡＩです。

私は、このニューラルネットワークにヒントを得ました。当時の私は量子力学で人間の脳の仕組みを解明できないかと考えていたのです。

ロジャー・ペンローズ

脳のネットワークは電気信号によってやり取りをしています。電気信号ということは電子であり、素粒子＝量子の世界です。人間の脳もまた物質的には脳細胞ですから、素粒子で構成されているわけです。

そう考えて、私は量子力学で人間の脳を解明するための文献を漁《あさ》り始めました。そこで見つけたのがペンローズ博士の「量子脳理論」でした。

これが、私が量子力学を学ぶ大きなきっかけになりました。


ロジャー・ペンローズ博士は、イギリスの数理物理学者・数学者・科学哲学者で、現在（本書の執筆時）93歳です。

1988年に故スティーブン・ホーキング博士とともにウルフ賞物理学部門（物理学の分野で優れた業績をあげた者に与えられる賞）を受賞し、2020年にはノーベル物理学賞を受賞しています。


ペンローズ博士の天才性を語るエピソードがあります。

あなたも一度は見たことがあるかもしれません。騙《だま》し絵や不可能図形で有名なオランダの画家マウリッツ・エッシャーの「滝」は、ペンローズの「不可能な三角形」を元にしているといわれています。

ペンローズ少年は「不可能性の最も純粋な形」として、「ペンローズの三角形」と呼ばれる図形を遺伝学者の父親とともに考案し、世間に広めました。それがエッシャーの発想

●ペンローズ・タイル

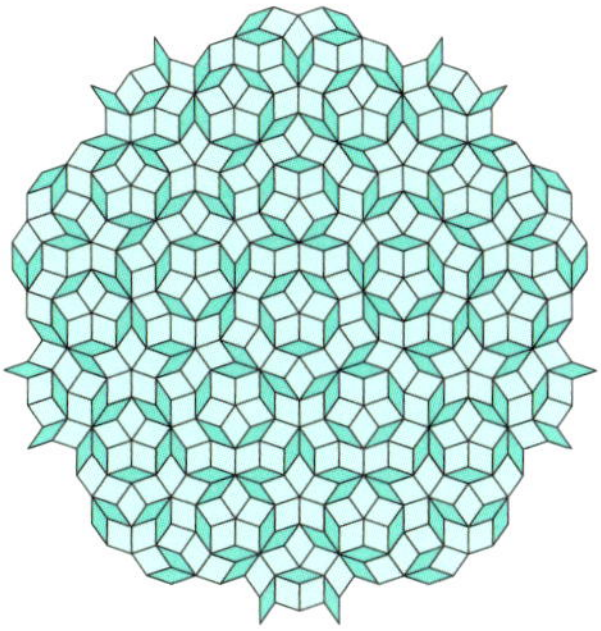

●ペンローズの三角形

の一部となったのです。

ほかにも、ペンローズ博士といえば「ペンローズ・タイル」と呼ばれる、トイレットペーパーの図柄に使われて裁判沙汰になった平面充塡形《へいめんじゅうてんけい》があります。

それまで物理の世界には存在しないと考えられていた「五回対称の準結晶」の存在の発見につながった業績は、今でも幾何学者たちの語り草になっているそうです。

物理学の分野では〝異端〟ともいわれてきたペンローズ博士でしたが、私にとっては恩人の1人です。

博士の「量子脳理論」をヒントに、量子力学を応用した人工知能プログラムの研究開発を行い、修士課程を修了するきっかけになった〝出会ったことのない恩師〟でもあるのです。

すべては可能性。「断言できない＝間違っている」ではない

脳の次に、私は「意識」に興味が湧くようになりました。

人間の意識がどこにあるかは、現在でも科学的には解明されていません。ある学者は「電子が意識かもしれない」といっていますし、「情報の最小単位が意識かもしれない」という人もいます。

ちなみに、先述のペンローズ博士は「意識はマイクロチューブルにおける波動関数の収縮として起こる」と仰っています。マイクロチューブルとは細胞内にある直径約25nm（ナノメートル）の管状のタンパク質構造体で、細胞骨格の一種です。

私としては「意識も量子の一種なのかもしれない」という考えです。なぜなら、万物の根本が素粒子（量子）だからです。

ただ、あくまでも〝かもしれない〟の領域です。

科学の世界では、測定でき、誰もが再現性を持って確認できないと科学的証明とはいえません。

量子力学の扱いが難しいのは、いろいろな理論や解釈や仮説があっても、ミクロの世界なので測定が難しいことです。超弦理論も「すべての素粒子はひもかもしれない」といってはいますが、ひもは発見されていないので仮説の段階です。

測定できないものは科学的に証明できないわけで、証明できないものは仮説なので正しいと断言することができません。

ですが一方で、「断言できない＝間違っている」というのも違います。

測定できないだけで、間違っているとは断言できないのです。

ペンローズ博士は従来の物理学だけでなく、哲学や論理学などのいろいろな学問を導入して意識の解明をしようとしています。１つの学問では足りず、知を集結させないといけないと考えているのです。

私自身、直感的に「人間の脳は量子でできている」と思い、脳と量子の関係性を検索していたらペンローズ博士の本に行き着きました。

先述したように、当時、私は量子力学理論をベースに人工知能を研究していましたが、そのようなことをしている人は周囲にはあまりいませんでした。

ですが、私はそれでいいと思いました。誰もやらないことを探求することが「研究」だからです。

かつて、コンピュータは人間の脳を超えられないといわれていました。

ですが、それも生成ＡＩの登場で新たな可能性がひらいたと私は思います。この先は量子コンピュータの登場で、実用化されれば人間の脳に近い処理ができる可能性があります。

すべては「可能性」です。すでにお伝えしたように未来は「可能性の場」であり、今日何を選択するかによって明日が決まります。

つまりは、今この瞬間は断言できないからといって、それが未来永劫、発生し得ないわけではない、ということなのです。

☆コーチングと量子力学がつながった瞬間

さて、もう少し私の話をします。

大学院を卒業した私はそのまま東京で就職し、ITエンジニアの職に就きます。東京で3年を過ごし、その後、大阪へ移り、7年間、エンジニアとしてサラリーマンを経験しました。

その間も心理学や脳科学など、大学時代から引き継いで興味のあったことを探求していました。本を読んだり、セミナーに参加したりするなどして探求の旅を続けていたのです。

そんな折、ある方のセミナーに参加したことをきっかけに、その後の量子力学コーチングにつながる道がひらけました。

具体的には、そのセミナーで私は次の3つのことを発見したのです。

●コーチ（コーチング）という仕事があること
●コーチングの原理を量子力学で説明できること
●人生のミッションを見つけたこと

当時、一介のサラリーマンだった私には、コーチという仕事があることさえ新鮮な発見でした。コーチといえば、テニスのコーチや野球のコーチ、ブランドのCoachしか思いつかず、ライフコーチという理想の人生に導く仕事があることを知りませんでした。

コーチングはクライアントの目標達成を支援し、より理想的な未来へ導く仕事です。相手の意思を「問いかけて聞く＝質問と傾聴」というコミュニケーションによって引き出し、相手が心から望む結果を得られるよう、自発的な行動を促します。

コーチ側が「こうしなさい」と教示するのではなく、あくまでも相手の口から望む未来を引き出すのです。

そして、コーチングという仕事の仕組みは量子力学の考え方を当てはめることで説明できることに気づきました。

セミナーでは量子力学についても軽く触れていたのですが、その内容をきっかけに私の中で蓄積されていた量子力学の知識の扉がひらかれ、コーチングという仕事と化学変化を起こしたのです。

先述の通り、意識は目に見えません。つまり量子の世界と考えられます。

また、意識は「どこ」にあるかはわかりません。不確定性原理では電子は位置と速度を同時に特定できず、その確率を波動関数によって表現できるわけですから、これも量子力学とつながります。

つまり、本来の意識は波の状態であり、それをコーチングという言語化させる手法によって粒子化させる——だからその後の行動によって現実化する、と考えることができたのです。

質問に対する回答=言語化によって、波の状態のイメージが観測可能な言葉として可視化されることで粒子化し、物事が現実化されるという方法論は、私の中で「思考が現実化するプロセス」を量子力学的に説明できると考えたわけです。

そこで、「思考が現実化する仕組み」をメソッド化しようとして考案したのが、「量子力学コーチング」です。

☆本当に現実化するのは「思考を支える思考」である

さらに私は、自分自身を使ってそれを実験してみようと思いました。

セミナー中にノートに、「私は本を出版してベストセラー作家になりました」と書いたのです。まだ何者でもなかった私でしたが、その頃から本を出したい願望がありました。

ここでのポイントは〝過去形〟で書いたことです。

願望実現や思考が現実化することを教える講座では、「あなたのなりたい将来の姿・叶えたい願望を紙に書きましょう」ということがよくいわれます。

ですが、すべての人が実現できるかというと、そうではありません。多くの人は書くだけで終わってしまうことがよくあります。

その理由の1つが、「～になりたい」「～したい」と書いてしまうからです。

量子力学には「量子ゼノン効果」といって、「物質や状態は、観測され続けることで1つの状態を維持し続ける」というものがあります。

例えば私がノートに、「本を出してベストセラー作家になりたい」と書いたとします。

なりたい＝願望です。ということは、裏を返すと、「本を出してベストセラー作家になりたい、なぜなら今はそうでない状態だから」ということです。

すると、現在の観測している状態は「今のなっていない状態」になります。

量子ゼノン効果で考えると、「なりたい」では「なっていない状態を観測し続け、状態を維持し続けること」になるのです。

結果、私の願いは叶わなかったでしょう。

思考が現実化するプロセスの本当のところは、「『思考を支える思考』が現実化する」ということです。要するに、潜在意識で心から信じていることが現実化するのです。

ですから私があえて「私は本を出版してベストセラー作家になりました」と書いたのは、

私自身が心から信じているものを「なりたい状態」ではなく、「なった状態」にシフトチェンジするためでした。

そして現在、私は6冊目の書籍を執筆し、あなたがそれを目にしていることになります。

☆人のご縁がつながって量子力学コーチとして軌道に乗る

話が少し遠回りになってしまいましたが、セミナーに参加した私が発見した3つめは、「ミッション」を見つけたことです。

当時、量子力学コーチとして人生を新たに始めようと決意した私は、同時に自分のミッション（＝使命、命の使い方、何のために生きるか）も考えました。

それは、「世界中の人々に夢と希望を与えて、愛と感謝で満たす」でした。このミッションを携えて量子力学コーチとして人生を歩み始めたのです。

現在ではブラッシュアップして、「世界中の人々に夢と希望を与えて、誰もが自己実現できる社会を作る」になっていますが、これは活動を通して私自身も磨かれ、使命が進化したからです。

おかげさまで量子力学コーチングはこれまでに1万人を超える方々にお伝えすることができていますが、それにはきっかけがありました。私のブレイクスルーポイントともいえるものです。

私のブレイクスルーになった出来事は3つです。

1つめは、先述のセミナーに参加して量子力学コーチになったこと。
2つめは、量子力学コーチとしてブレイクできたこと。
3つめは、出版できたこと。

出版については第3章でお伝えしますが、量子力学コーチとしてスタートした私が最初から順風満帆《まんぱん》だったわけではありませんでした。

サラリーマンをしながら副業で始めたこともあり、活動量としては本業の現在と比べてかなり小さいものでした。

1回のセミナーで受講者が2〜3人しかいない状況でした。

ですが、あるときに受講生の1人が量子力学コーチングに深く興味を持ってくれて、広めるためにあるマーケターを紹介してくれたのです。

マーケターの方も、紹介されたご縁だったので無下《むげ》にはできなかったのかもしれません。最初は対談DVDを作成することになりました。

すると、その対談がマーケターの方にとってはとても面白いものだったようで、今まで以上に興味を持ってもっと広げてくださることになりました。

マーケターの方のプロモーションにより、それまで2〜3人だった受講生が一気に700人に増えました。

人のご縁がつないだ出来事によって、私はブレイクできたのです。

その後、私はサラリーマンを辞めて独立し、量子力学コーチ一本でやっていくことを決断し、現在に至ります。

☆運命をひらくために「生きる意味」を内省する

本章では、運命は自分の選択でひらくことができるものであり、運命をひらくためには、

●すべての人には無限の可能性がある
●すべての答えはゼロポイントフィールドにある
●その答えを引き出すには効果的な質問が必要である

とお伝えしてきました。

私自身、この方法論を使って自らの運命を切りひらき、現在の役割を担うことができています。そのままエンジニアとしての一生を送ることもできましたが、結局は自分で選択した結果なのです。

本来、コーチングはコーチが相手に問いかけ、傾聴することによって相手の願望を引き出し、目標設定をしてもらいます。

ですが、書籍においては私があなたに細かく質問をすることは物理的にできません。ですから自分で自分に質問をする必要があります。

要するに内部対話（内省）です。例えば、次のような質問をします。

- 今、もっとも大切なことは何だろうか？
- 今、感謝できることは何だろうか？
- この出来事から学べることは何だろうか？
- この経験から得られた学びは何だろうか？

このときにどんな対話をするかが、今後の意思決定に大きく影響を与えます。

何かの失敗をしたときに、「どうして自分はこんなにダメなんだ」と自分を責めてしまうと、結果としてダメな自分を引き寄せます。

逆に「どうしたら次はうまくいくか？」「どうしたら同じ失敗をせずに済むか？」と問いかければ、人生をより良くしていくアイデアが出ます。

結局は、**自分に良い質問をし続けることとの繰り返しで、人生は良くなる**のです。

私は、人間の願望が実現するにはステップがあると思っています。

そのアプローチ方法は、ここまでお伝えしたように、波の状態である目に見えない意識やイメージ、思考を認識できるようにする＝粒子化することです。

これは、実際に不確定性原理を提唱したハイゼンベルクの言葉からも間違いないと確信しています。

《波の状態（可能性領域）で意識があるものや出来事を認識すると、可能性だったものや出来事は、可能性領域から物理世界に出現する》

そして、そのためのステップは次の5つです。

① 理想の状態に意識を向ける
② 意識を向けることでイメージが湧《わ》いてくる
③ イメージを実現するために考えるようになる

④ 実現するための具体的な行動や必要なものが明確になる
⑤ 実際に行動することで理想に近づく

私は量子力学コーチとして、クライアントだけでなく読者の皆さんの自己実現や目標達成、願望実現のサポートをするために生きています。

そのために成功法則を量子力学的に解明し、腑に落ちる形で実行してもらえるよう活動をしています。

次章では、実際に成功している人・人生がうまくいっている人の共通点を分析した運命をひらく方法を、「習慣」としてお伝えしていきます。ただその前に、まずは自らに問いかけて、どんな人生を歩みたいかを確認してみてください。

人生を好転させる「運命をひらく7つの習慣」

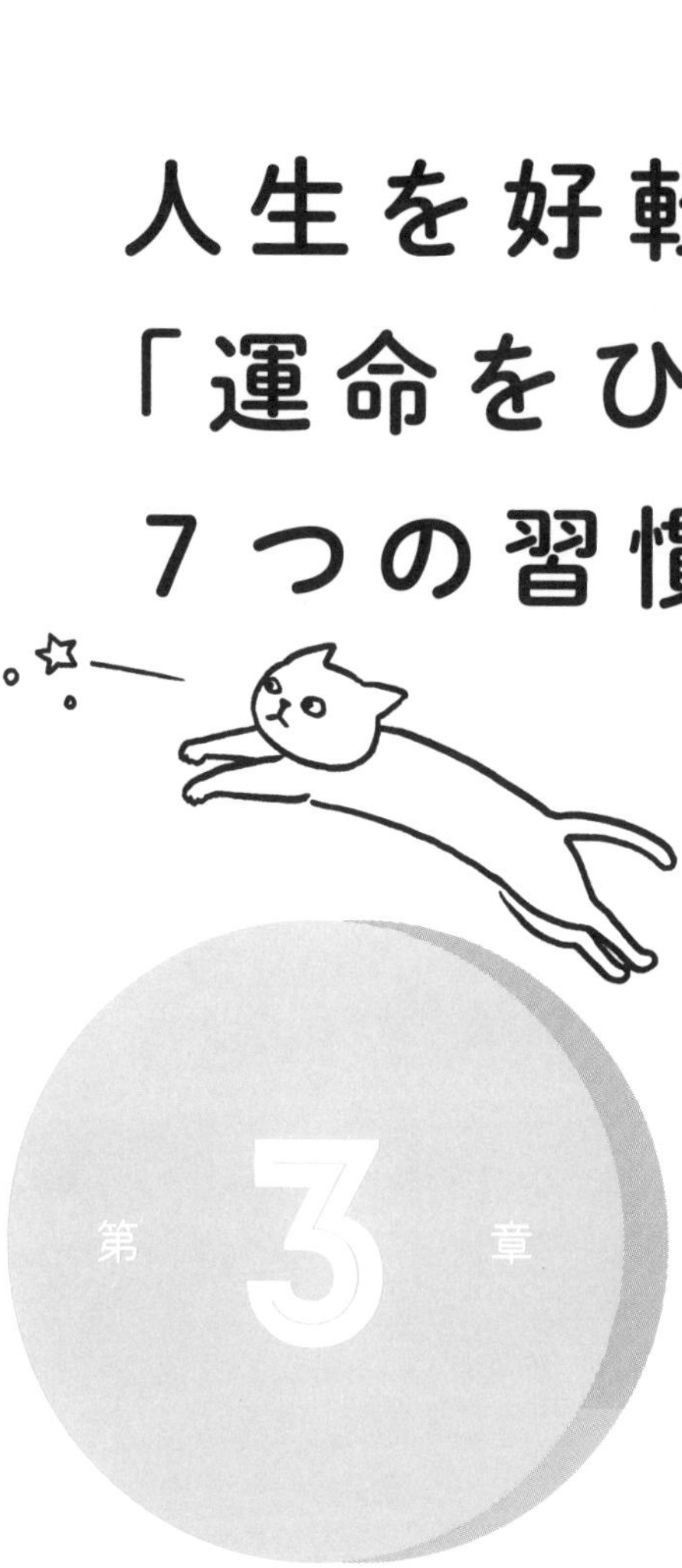

第3章

☆量子力学的「運命をひらく7つの習慣」

それでは本章にて、量子力学的「運命をひらく7つの習慣」をお伝えしていきます。

この7つの習慣は私が大切にしている考え方や在り方であり、私がこれまでに出会ってきたり学んできたりした、人生がうまくいっている人や成功している人の共通点を分析し、体系化したものです。

「運命をひらいている人の共通の考え方や在り方」と言い換えてもいいでしょう。

考え方や在り方を学ぶことがなぜ大事なのでしょうか？

考え方や在り方は量子力学的にいえば、この世は目に見える世界と目に見えない世界があり、目に見える世界はスキルやテクニックなどの枝葉の部分で、大事なのは目に見えない世界である「考え方や在り方などの価値観」だからです。

多くの人は成功するため、人生を良くするため、運命をひらくために目に見えるテクニックやスキルを追い求めたり、学んだりしがちです。ですが、それらはいずれ枯れてしまいます。

そうではなく、土台となる根っこの部分を整え、しっかりとあなた自身が人生に根差すことで、運命はひらかれ、望む未来がやってくるのです。

この根っこの部分を整えること＝考え方や在り方を整えることは量子力学的には$E=mc^2$の公式（E＝エネルギー、m＝物質の質量、c＝光の速度）で説明できます。

この式は見えないエネルギーが物質と等価に交換できるという式ですが、人に例えると、思考のエネルギーが源となって目の前に物質化（具現化）させることを意味していると考えられます。

この場合、エネルギーの源となるものが考え方や在り方であり、考え方や在り方が変わるとエネルギーの状態が変わって現実に影響を与えることになるのです。

7つの習慣によって考え方や在り方を変え、行動をすることによって現実に影響を与え、あなたの思考のエネルギーが具現化（現実化）します。

だからこそ考え方や在り方を先に学び、生きるための土台を変えることが重要なのです。

☆運命をひらくためには「量子思考」で考える

考え方や在り方を変えることによってエネルギーを変える——といわれて、いきなりで面食らったかもしれません。もしくは「そんなことできないよ」と思われたかもしれません。

確かに、考え方や在り方は人間が生きる上で自然と培《つちか》われるものですし、本書を読んでいるあなたにもすでに〝あなたなりの生き方〟が存在していると思います。

それを変えろといわれることにストレスを感じてしまうでしょう。

ただ、運命をひらくために、新しい考え方や在り方を身につけたいとは思うはずです。

そんなときに私がおすすめしているのは、やはり量子の世界の考え方を「思考」の世界にも水平展開することです。

繰り返しになりますが、素粒子には波と粒子の二重性があります。

つまり、波でもあり粒子でもある。両方の性質を持っているわけです。

このような波と粒子の両方の性質を持っているマインドを、**「量子思考（量子力学的思考）」**と私は呼んでいます。

量子思考を理解するためのわかりやすい例えは「水」です。

水は温度によってその状態を変化させる物質です。0℃以下に冷やすと「氷」という個体になり、100℃を超えると「水蒸気」という気体になります。そして、氷と水蒸気の中間の状態が「水」という液体です。

量子思考的にいえば、氷の状態は粒子の状態です。明確に見える形があって「これが正しい（絶対である）」「こうすべき（あるべき）」という凝《こ》り固まった観念にとらわれた状態です。

一方で、水蒸気の状態は波の状態です。目に見えず、どこにあるかがわかりません。自由にフワフワと浮いていて、ひとところに定まらないのです。

量子思考が目指すのは、このどちらでもありません。

むしろ、水のように粒かもしれないし波かもしれない中間の、混じり合った状態を目指します。液体同士がぶつかっても痛くも痒《かゆ》くもなく、お互いが調和して共存できたり、器に合わせて自在に形を変えたりするような柔軟性の世界です。

量子力学が扱う素粒子は、「そこにあるかもしれないし、ないかもしれない」「波かもしれないし、粒かもしれない」という可能性が重なり合った存在です。

これと同じように**あらゆるものを否定せず、「そういう考え方もあるね」と受け止める考え方が量子思考**なのです。

私がこれからお伝えしていく考え方や在り方は先述の通り、人生がうまくいっている人や成功している人の共通点を体系化したものです。

ですが、「これが絶対だから真似をしなさい」と私はいいません。

ただ、あなたにとっては新しい考え方を知る機会となり、もしかしたらあなたの既存の考え方とぶつかることもあるかもしれません。

そんなときに立ち戻ってもらいたいのが、1つの考え方にとらわれない量子思考です。あなたの可能性を広げるためにも、水のような思考状態で読み進めてください。

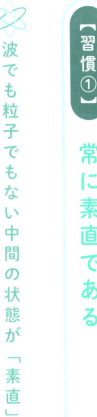

運命をひらくための7つの習慣

【習慣①】常に素直である

波でも粒子でもない中間の状態が「素直」

ではいよいよ、本題に入っていきます。
1つめの習慣は、「常に素直である」ことです。
そもそも素直とは何でしょうか？
私たちは当たり前にこの言葉を使いますし、多くの書籍では人間力をアップしたり、人間関係を良くしたり、コミュニケーションを円滑にしたりするための考え方として素直が挙げられます。

ですが、素直という言葉を明確に定義できているかというと、そうではないと私は思っています。

素直という状態は量子力学的には定義できます。

それは**「従順と頑固の中間の状態」**です。先述の氷と水と水蒸気を思い出しながら読み進めてください。

従順とは、大人しく、人に逆らわないことです。自分の軸がなく、人や状況に左右されてフラフラと定まることがありません。まさに水蒸気の状態です。

逆に頑固とは、頑《かたく》なで意地っ張りなことです。自分の軸はしっかりありますが、固執してしまって柔軟に考えを変えることができません。まさに氷の状態といえます。

素直はこの2つの中間——つまり、水の状態のことを意味します。

量子力学的にいえば、波（＝水蒸気）でも粒子（＝氷）でもない中間の状態が素直な状

態と定義できます。まさに量子思考を実践している状態ですね。

従順すぎると騙されたり悪い影響を受けたりしますし、頑固だと異なる意見がぶつかって争いになったりします。

原子には原子核という「核」があり、ブレません。ですが、電子といういろいろな可能性を持った確率的存在があるので柔軟です。素直とは、このような色々な考え方を受け入れられる、軸と柔軟性を兼ね備えた状態なのです。

素直な心は一朝一夕では手に入らない

「素直」については、松下幸之助さんも「素直な心」として言及しています。氏の著書『実践経営哲学』（1978年刊、PHP研究所）には次のように記されています。

《素直な心とは、言いかえれば、とらわれない心である。自分の利害とか感情、知識や先入観などにとらわれずに、物事をありのままに見ようとする心である》

《素直な心は、（中略）色やゆがみのないレンズでものを見るようなもので、白いものは白く、まっすぐなものはまっすぐに、あるがままを見ることのできる心である。だから真実の姿、物事の実相を知ることができる。そういう心でものを見、ことを行なっていけば、どういう場合でも、比

松下幸之助

較的あやまちの少ない姿でやっていくことができる》

《素直な心になれば、物事の実相が見える。それに基づいて、何をなすべきか、何をなさざるべきかということもわかってくる。なすべきを行ない、なすべからざるを行なわない真実の勇気もそこから湧いてくる》

《一言で言えば、素直な心はその人を、正しく、強く、聡明にするのである》

また氏は素直な心について、囲碁に準《なぞら》えてこうもいっています。

《碁というものは特別に先生について指導を受けたりしなくとも、およそ一万回うてば初段ぐらいの強さになれるのだという。だから素直な心になりたいということを強く心に願って、毎日をそういう気持で過ごせば、一万日すなわち約三十年で素直な心の初段にはなれるのではないかと考えるのである》

素直な心は一朝一夕では手に入らない、ということです。

川の水が流れるように柔軟な心を持って生きることは、運命をひらくためには大事です。水がいかようにも形を変えられるように、どんな過酷な環境下でも変化対応できる柔軟性を持つことを目指し日々を送りましょう。

私は、生きていく上で一番バランスの良い状態が水の状態だと思います。波と粒子をバランスよく併せ持った状態で、人と争わず「自分」を持ちながら他者の意見も受け入れられるからです。

素直さを〝極めようとする姿勢〟が大事

素直の定義、素直な心を持つ大事さはわかっても、かといっていきなり素直になれ、素直な心を持てといわれても困ると思います。30年とはいわないまでも、素直な心は一朝一夕では手に入らないからです。

それに、人間はどちらでもない不安定な状態を嫌う生き物です。

また、多くの人は過去の人生を振り返り、その延長線上で物事や未来を考えます。私たちは人生の中で自分なりの価値観や考え方、固定観念を醸成していきますし、それがあるから人生をうまく乗り切れるのも事実です。

ですから、いきなりは素直になれない、素直な心を持てない気持ちはわかります。

ただ、今の固定観念に固執してしまうと新しい発想ができなかったり、新しい価値観を持てなかったりします。それでは自分を成長させることができません。

逆に、常に素直であると成長できます。

ですから**まずは、素直さを〝極めようとする〟ことが大事**です。いきなり極めなくても、極めようと意識するだけでもあなたの可能性は広がります。「こうするしかない」とは違う視点を持てるようになるのです。

17の素粒子に学ぶ量子の可能性

第1章でお伝えした、素粒子の17種類と超弦理論を思い出してください。

自然界には素粒子が17種類ありますが、どうして17種類もあるのでしょうか？　それを紐解くのが超弦理論です。

超弦理論では、あらゆる物質の最小単位は輪ゴムや糸くずのような「ひも」であり、ひもがまるで弦楽器の弦のように振動することでさまざまな素粒子を生み出しているとされていましたね。

つまり、17の素粒子はそれぞれ違う振動数（周波数）を発しているため、性質が異なるのです。

この周波数の違いは柔軟性のある、とらわれていない状態と考えられます。1つの周波数にとらわれず、素粒子はそれぞれに可能性を受け入れているのです。

そして、人間もまた素粒子でしたね。ということは、常に素直であることで1つの考え方にとらわれず、水のような柔軟性を持つことで、多様な視点で物事を見ることができるようになり、私たちの可能性もまた変化し、選択肢が増えることにもなると考えることができるのではないでしょうか？

さらに、そこからどんな道を選ぶかによって次の運命が決まります。

この先の「習慣③」でお伝えするパラレルワールドにもつながる話ですが、今この瞬間のあなたの選択が次の未来を形づくります。

ではそのときに、1つの考えに固執したり誰かの意見に軸もなく引っ張られたりするのと、自分で選択できるのでは、どちらが運命はよりひらけるでしょうか？

自分で自分の運命をひらくためには、自分で納得してその道を選択する必要があります。

その土台となるのが「常に素直である」ということなのです。

素直であるための3つのステップ

素直とは「心をひらいた状態」ともいえるのではないでしょうか。これは161ページで詳しくお伝えしますが、松本道弘《まつもとみちひろ》先生から教わった素直の定義です。

世の中には、自分の考え以上にもっと素晴らしい考え方や意見があるかもしれません。

そのときに人の話を聞く耳を持ったり、自分の考えに固執しすぎたりしない（正しいと思い込まない）状態が、素直な状態といえます。

自分の考えや意見を持つことを否定しているのではありません。

ですが、もしかしたらそれは間違っているかもしれない――そうした疑いを常に持ち、「絶対ではない」という考えでいることが大事です。

量子力学の世界は確率的で曖昧な世界なので、「絶対」はありません。

それと同じように、誰かと話をするときでも「それは違う」と否定するのではなく、一旦は受け止めて、その上で自分の選択をすればいいのです。もしかすると、聞き入れることでもっといい生き方ができるかもしれないからです。

しかしながら、どれだけ意見を集めたとしても、最終的には「自分がどうしたいか」が大事です。そのためには自分の心の声＝インナーボイスに従うことが必要です。

無理をせず、我慢せず、世間体を気にせず、心地良いと感じることや心から喜びを感じたり、やりたいと思うことに耳を澄ませ、自分が「どうなりたいか」「どうしたいか」「何を手に入れたいか」を明確にし、最後はそれに従うのです。

これがインナーボイスに従って決断することです。そして、本当に心が望んでいるときは、全身の細胞が喜ぶような感覚になります。全身の細胞が喜ぶようなことを日々意識すると、毎日が最高に幸せに感じてくるでしょう。

まとめると、素直な状態でいるためのステップは次の3つです。

① 自分の考えや意見を「絶対」と思わない
② もっといい考え方や意見があるという気持ちで聞いて勉強する
③ インナーボイスに従って決断する

【習慣②】

常に学ぶ意欲を持つ

「不知の自覚」を心得て、大人になっても勉強する

2つめの習慣は、「常に学ぶ意欲を持つ」ことです。

習慣の1つめでお伝えした、「常に素直である」ことにつながるものとして、素直な姿勢で常に学ぶことをしていくと、運命はひらけていきます。

学ぶこと、勉強することといえば、思い出しがちなのが学校での勉強です。毎日、学校へ行って授業を受けたり、試験や受験のために図書館や予備校に通って勉強をしたりした記憶が誰にもあると思います。要するに、学生時代は学びがすぐ傍《そば》にあったわけです。

一方で、大人になると学びを得る機会が少なくなるイメージがあります。

働き始めると毎日が忙しく、集中して勉強する機会といえば資格を取るためにスクールに通ったり、本を購入したりセミナーに参加して自主勉強をしたりするくらいしか学びの機会はないと思ってしまいます。

ですが、実はそうではありません。人間が生まれてから死ぬまでの間にずっと行っていること――それが学び（勉強）なのです。人生の根本的な目的の1つに体験を通じて学び、成長することがあるのです。

2つめの習慣では、この学びを意識的に行っていくことをおすすめしています。まずは、古代ギリシアの哲学者ソクラテスの言葉「不知の自覚（無知の知）」を心得て、自分が知らないということを知りましょう。世の中にはまだまだ私たちが知らないことがたくさんあることを知るのです。

そして、自分の知らない世界や考え方を知り、自分の専門分野以外にも興味や好奇心を持ちましょう。そうすることで新たな気づきや視点、得られるものがあり、可能性が広がります。

「まえがき」でお伝えした「4つのQ」を思い出しましょう。特に、本やセミナーなどで

「不知の自覚」と「4つのQ」

ソクラテスの「不知の自覚」

=

真の知に至る出発点は自分の不知（知らないということ）を自覚することにあるということ

EQ 心の知能指数

他人と会話して感性を磨く

IQ 知能指数

読書やセミナーに参加して知性を磨く

SQ 精神性指数

瞑想して自分と向き合う

CQ 子供指数

無垢《むく》な心によって斬新なアイデアが湧く

知識や考え方をインプットすることも大事ですが、経験や体験から学ぶこともとても大事です。他者から学ぶこともできますし、出来事からも学ぶことができます。経験や体験が特に大事なのは、そこには成功と失敗の両方があり、身をもってそれを味わい、咀嚼することができるからです。これによって人は成長し、より良い運命をひらくことができるようになります。

宇宙のアップデートと人間のアップデート

人間が生まれてから死ぬまでの間にずっと行っていることが、学んで成長することです。私はこれを宇宙の成長にとても似ていると考えています。

宇宙の誕生には諸説ありますが、最も一般的なものが「ビッグバン」による誕生です。今からおよそ138億年前、宇宙は「無」から生まれました。無とは物質の空間も時間さえもない状態のことです。そこに小さな宇宙の種が生まれ、生まれたと同時に急激な加速膨張（インフレーション）を起こし、引き続いて大爆発したのです。これがビッグバンです。インフレーションとともに宇宙には時間が流れ、空間が広がり始めます。

さらに、ビッグバンによって大量の素粒子が生まれました。

素粒子には、「粒子」と、粒子と反応すると光を出して消滅する「反粒子」の2種類があり、反粒子の数のほうが粒子よりもわずかに少なかったため、宇宙のごく初期に反粒子はすべて消滅し、わずかに残った粒子が現在の物質のもとになったといわれています。

また、宇宙誕生直後の3分間は、すべての物質の元が生み出された時間でもありました。超高温の宇宙が3分の間に急激に冷え、クォークが集まって陽子と中性子になり、さらに陽子と中性子が集まって水素やヘリウムの原子核が次々と生み出されたそうです。

原子が誕生すると、それらは結合して分子が生まれました。

分子が結合すると物質が生まれました。やがて何十億年という長い時を経て星が生まれ、銀河系が生まれ、星々には生物が生まれ、現在の私たち人間にまで続いています。

私はこれを、宇宙が成長しアップデートしたのだと考えています。

原子があったとしても、宇宙が成長していなかったら「水素しかない宇宙」になってしまいます。星も銀河系も生命も誕生していないからです。

このような宇宙の成長過程の話を人間に置き換えると、人間もまた生まれてから死ぬまでの間に必ず起こっているのが成長であり、成長のために行っていることが学びといえます。量子の世界は可能性の世界であり、結合によって新しいものが生まれます。

私が量子力学とコーチングを結合させて量子力学コーチングを生み出したように、あなたも学ぶことによって新たな視点や気づきを得て人間的に成長し、アップデートすることができるわけです。

アップデートで周波数と引き寄せられるものが変わる

成長によるアップデートは、何もあなた個人だけのものではありません。

あなたが成長することによってエネルギーが変わり、発する周波数が変わって引き寄せられるものも変化していきます。

量子力学の話に戻りますが、原子は陽子の数が増えると電荷が変わります。原子の電子配列でいえば、陽子が1つだと水素、2つだとヘリウム、3つだとリチウム、4つだとベリリウム……と別の元素ができます。

すると質量が増えて、だんだんと重たくなっていきます。質量が増えるとエネルギー量が変わります。エネルギー量が変わると周波数が変わります。

目に見える世界でも見えない世界でも、すべてのものは固有の周波数を持っています。超弦理論でもお伝えした、すべてのものが振動しているというものです。この**振動によって生じる波を「波動」**といいます。

興味深いのは、同じ周波数のものは共鳴し合い、引き寄せ合う特性を持っていることです。これを物理学では「共鳴（共振）現象」といい、物体はその固有振動数に等しい外部振動の刺激を受けると振れ幅が増大する現象を意味します。

もしも、あなたが成長しアップデートすれば、それによってあなたが発するエネルギーが変わり、周波数が変わります。

●共鳴（共振）現象と引き寄せの法則

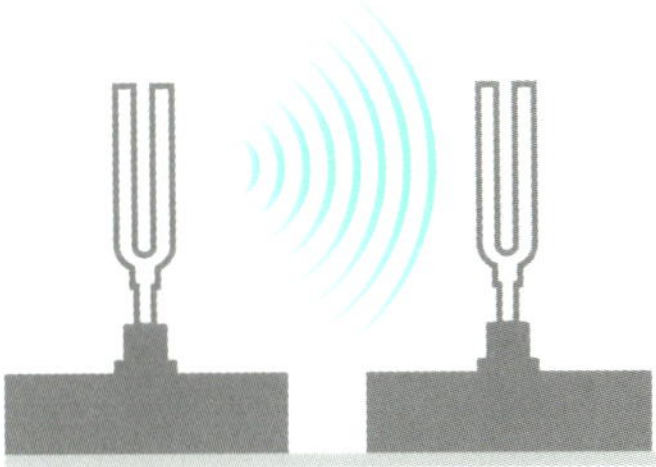

音叉の共鳴

同じ固有振動数を持つ音叉《おんさ》の片方を鳴らすと、もう片方も鳴り始める。
固有振動数が異なると鳴らない。

ブランコの揺れ

周期に合わせて力を加えると、揺れが大きくなる。

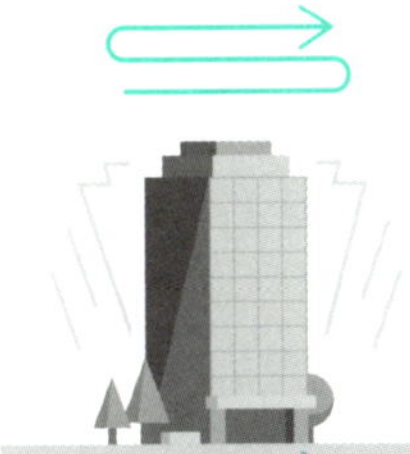

建物の揺れ

地震の際に建物の固有振動数に合わせて地盤が揺れると、建物の揺れが大きくなる。

ギターの音

弦の振動が響板《きょうばん》に伝わり、振動して音が大きくなる。

周波数が同じだと……
引き寄せ合う！
周波数が違うと……
離れてしまう！

するとそれまでのあなたが引き寄せていたものとは別のものと共鳴し、引き寄せられるようになります。これが量子力学的に説明できる**「引き寄せの法則」**の原理です。

あなたがアップデートすることによって付き合う人が変わります。これまでと同じ人と付き合う場合でも、付き合い方が変わるでしょう。逆に、離れてしまうこともあります。

ステージが変わるのでプラスもマイナスもありますが、それでも新しい出会い＝ヒト・モノ・出来事との出会いがあり、その出会いをどう扱うかによってあなたの運命は変化していくのです。

引き寄せた人・モノ・出来事が人生をアップデートする

ここで1つ、私の「周波数が変わったことによる出会いと変化」についてお伝えします。現在でこそ本書で6冊目の本を出版し、量子力学コーチとして皆さんの願望実現のお手伝いをさせてもらってはいますが、前述の通り、かつての私は1冊の本も出していない一介のサラリーマンでした。

私が量子力学コーチになった経緯については第2章でお伝えしましたが、セミナー中にノートへ「私は本を出版してベストセラー作家になりました」と書いたことを覚えているでしょうか。

もちろん、それだけで本を出せたわけではありません。ですが、脳科学、心理学、成功哲学、コーチングを量子力学的に解明する量子力学コーチングについてブログやメルマガで発信するようになり、徐々にファンができるようになると、いよいよ出版したい気持ちは強くなっていきました。

当時の私の好きな本に、さとうみつろうさんの『神さまとのおしゃべり』（ワニブックス）がありました。

「自分が本を出すならこんな本を出したい」と考えていたところ、本を本気で出したいと思った3日後にサンマーク出版からオファーが届きました。しかも、メッセージをくれた人がまさに『神さまとのおしゃべり』の元担当編集者だったのです。

そして出版が決まり、デビュー作『あなたの夢を叶えもん』が出版されました。『神さまとのおしゃべり』と同じような対話形式の本になり、まさに自分が思い描いていた通りの本で著者デビューができたのです。

さらに、1冊目の出版によって私の人脈が広がりました。ほかの著者とコラボで講演をできるようになり、その講演会がきっかけで2冊目の本『「量子力学的」願望実現の教科書』を別の出版社（SBクリエイティブ）から出すことができました。さらに、本田健さんやジェームス・スキナーさんなどの有名な著者ともコラボで講演をできるようになったり、人気YouTuberともコラボができるようになりました。

そして、YouTuberとのコラボをきっかけに、また別の出版社（KADOKAWA）の編集者とも知り合って『「量子力学的」幸せな生き方大全』を出版し、そうしたこれまでの本をきっかけにして本書の出版が決まりました。

どの経験も私にとっては運命がひらけた瞬間でしたが、そのきっかけになったのはやはり、私自身の周波数が変わったからだと思います。

量子力学コーチングのファンができたことでコーチとしての私がアップデートされ、本を出したことで著者としての新しいステージに上がれ、付き合う人が変わり、引き寄せる出来事が変わったわけです。

素直な姿勢で学び、成長することは決してあなた個人の満足で終わる話ではありません。運命の扉をひらき、新しい人生をもたらす第一歩なのです。

【習慣③】

すべての人を師匠と見る

出会う人の良いところを吸収して「分子化」する

３つめの習慣は、「すべての人を師匠と見る」ことです。

これは学びのための姿勢であり、学んだことの良いところを吸収し、ダメなところを反面教師にするためのマインドを持つ方法論です。ここでは「対人《たいひと》」の方法論をお伝えしていきます。

なぜ対人の方法論をお伝えするかというと、人間は結局、誰かと関わり合いながらでないと生きていけない生き物だからです。

そして、自分を成長させアップデートさせるには、単に自分が独学で勉強するだけではなく、他者から学び成長する必要があるからです。

これは原子と分子の構造に似ています。

２つの原子があるとして、原子Aには電子が１つ足りず、原子Bには電子が１つ余っているとします。それらは補い合うことができ、それによって原子が分子になります。原子が分子になると安定化します。

分子の世界は原子の組み合わせの世界です。組み合わさって新たなものが生まれます。例えば、２つの水素原子と１つの酸素原子が組み合わさってH_2O＝水分子ができるわけです。


そして、前にも少し触れましたが、このような原子同士を結びつけて分子を作る力、原子核と電子を結びつけて原子を作る力を「**電磁気力**」といいます。

電磁気力は、電子や陽子などの電荷に対して働く力（電気力）や、磁石のN極・S極などの磁気の力（磁気力）のことで、私たちが日常で経験する**重力**以外の力はすべて電磁気力です。

さらに、物質を作る力として「**強い力（グルーオン）**」があります。

私たちの世界に存在する４つの力の性質

	電磁気力	弱い力	強い力	重力
比べた強さ	10^{36} とても強い	10^{28} 強い	10^{38} とてもとても強い	1 とても弱い
届く距離	∞ どこまでも届く	10^{-18} 原子核の１／1000	10^{-15} 原子核サイズ	∞ どこまでも届く
力を伝える粒子	γ 光子	Z^0 W^- W^+ ウィークボソン	g グルーオン	G 重力子

※電磁気力より弱い力を「弱い力」、強い力を「強い力」と呼んでいます。

強い力は、原子核がバラバラにならないよう防いでいる核力で、陽子同士の間に働く斥力《せきりょく》（反発する力）を超えて物質を作るために働く力です。

一方で、**「弱い力（ウィークボソン）」**というものがあります。これは原子が自然崩壊する際などに放射性物質（ニュートリノなど）を発する力のことです。

強い力と弱い力は非常に小さなミクロ世界のもので、日常生活で感じることはありません。

私たち人間も、それぞれがこれらの力の上に成り立っています。

そんな人間同士が、関わり合いながら生

きていくしかない以上、単に出会って終わりではもったいないと私は思います。

そうではなく、出会うすべての人の良いところを吸収することによって、あなたが進化して新しい価値を創造できるよう、すべての人や物事を師匠として考えるようにしましょう。

良い人からは学び、悪い影響を与える人は反面教師にする

あなたが師匠とする人は「誰か」ではなく「すべての人」です。

剣豪として有名な宮本武蔵は特定の誰かを師匠とするのではなく、すべてを師と考えて出会いの中から吸収して天下無双の剣豪となったそうです。

同じようにあなたもすべての人を師匠として考えましょう。

ただ、すべての人を師匠とした場合に、必ずしも良い影響を与えてくれる人ばかりに出会えるとは限りません。

周波数が共鳴することによって引き寄せが起こるとはいえ、出会いの中には気が合う人

もいれば合わない人もいますし、逆に影響を受けてはいけない人も存在するでしょう。ですから、見境なく吸収することは危険です。

もしも、悪い影響を与える人に出会ったときは反面教師にしてください。

「こういう考え方ではダメ」「こういうことをしてはダメ」と自分の中での戒《いまし》めとするのです。そうすれば、その人も師匠としてとらえることができます。

そのような人と出会うと、バカにしたり批判したりするケースも見受けられますが、それでは学びになりません。

そうではなく、「何が原因でこうなったのか」「自分が同じ立場になったらどうするか」「どうすればそうならずに済むか」など、学ぶ姿勢を持つことで参考になることは多分にあるのです。

日本のことわざに「人の振り見て我が振り直せ」がありますが、学ぼうと思えば賢人でも悪人でも、それこそ赤ちゃんからでも学べるのです。

大事なのは学ぼうとする側の素直な姿勢です。融通無碍《ゆうずうむげ》な視線で見れば良いものを引き出せたり、悪いものは悪いものとして理解できるのです。

師匠から学び続けることで正のスパイラルに入れる

先にお伝えしたように、私の人生を振り返ると、自分のコンテンツを開発したり、出版をしたりと、運命をひらいた瞬間は何度もありました。

人生において、運命をひらく瞬間というのは一度ではないのです。

2つめの習慣によってあなたが成長し、アップデートすると、あなたが発する周波数が変わり、引き寄せられるヒト・モノ・出来事が変わります。

引き寄せたものから影響を受けて、さらにアップデートされます。

その時点で何かしらの運命はひらかれてはいますが、かといってそこで一生を過ごすわけではありません。私が2冊目、3冊目と出版してステージを上げたように、ひらいた扉の先には次の運命の扉が待っているのです。

だからこそ、すべての人を師匠と考えることで、そこから吸収するたびにあなたはアップデートされ、運命をひらき続ける〝正のスパイラル〟に入っていくことができます。

そのような意味で、【習慣②】と【習慣③】は行ったり来たりを繰り返す関係といえるでしょう。

人生は選択と決断で変化するパラレルワールド

人生は一本道ではありません。

第1章で、物理学者ヒュー・エヴェレットが1957年に提唱した「多世界解釈」についてお伝えしたのを覚えているでしょうか？

「世界はあらゆる可能な状態が存在しており、観測するたびに宇宙は可能な結果に対応する世界に分岐していく」でしたね。

マサチューセッツ工科大学のマックス・テグマークの「マルチバース理論（多元宇宙論）」では、理論的には10^{500}通りの宇宙が存在するということもお伝えしました。

私たちの世界は多数に分岐しており、今この瞬間の決定によって次の道が決まります。

例えば、晩御飯のあとに軽く「運動する」か「運動しない」かの決断によって、次の日に「体重が増えた未来」と「体重が増えなかった未来」が存在するようなものです。

運命をひらき続ける〝正のスパイラル〟に入るためには、その場における最善の選択をし続ける必要があります。最善の選択肢を選ぶためには常に素直な姿勢で学びを続け、アップデートし、周波数を変え、いい人を引き寄せ、その人から学んで自分をアップデートしなければいけません。

あなたの人生はすでに誰かに決められた一本道ではなく、この瞬間の選択と決断によって次の道ができるということを知っておいてください。

未来は100%、あなたしだいなのです。

【習慣④】

学んだら即実践して人に伝える

「インプット×アウトプット^2」がエネルギーを高める

4つめの習慣は、「学んだことを即実践し、人に伝える」ことです。

3つめの習慣までは自分、もしくは他者から学んで取り入れる「インプット」の話でした。ここでは学んだことをすぐに実践して、誰かに伝えていく「アウトプット」についてお伝えしていきます。

インプットしたものをインプットしたままの状態にしていても、それではエネルギーは飛躍しません。これは$E=mc^2$の公式で説明できます。

Eはエネルギーであり、mは質量、cは光の速度でした。

● エネルギーを高めるためには？

$$E=mc^2$$

E：エネルギー　m：質量　c：光の速度

$$E = インプット \times アウトプット^2$$

E：成長のために必要なエネルギー　インプット：知識　アウトプット：行動・発信

私はこれを量子力学的アナロジーとして人に例えるとき、m＝体験や学びによって得られる知識、c＝学んだことを人に伝えるアウトプットの量、つまり、「行動すること」と「発信すること」としています。

つまり、エネルギーを高めるためには、

エネルギー＝インプット×アウトプット^2

で、たくさんのアウトプットを行うことが大事だと考えているのです。

仮にアウトプットがゼロであれば、いくらインプットを一所懸命行っても算出されるエネルギーはゼロになってしまいます。

運命をひらくためには学ぶだけでなく、

それをアウトプットすることが必要です。アウトプットとは「行動すること」や「発信すること」です。

行動すればするほどエネルギーは高まり、他者への影響力が増していきます。付き合う人を変えるだけでなく、他者への影響力も上げていくことが運命をひらくためには必要なのです。

インプットとアウトプットを繰り返す成長サイクル

インプットとアウトプットにはそれぞれ2通りの方法論が存在します。

インプットは「左脳」と「右脳」、アウトプットは「実践」と「発信」です。これを繰り返していくサイクルを**「成長サイクル」**と呼んでいます（左図）。

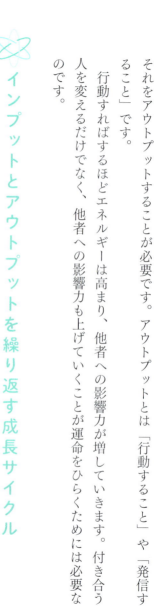

まず、書籍や人物を通して言葉や論理、知識を最初に学びます。これが最初のインプットで「①左脳の学び」です。

左脳で学んだことを、今度は実践します。自分で学んだことを忠実に実行してみて、実

●成長サイクル

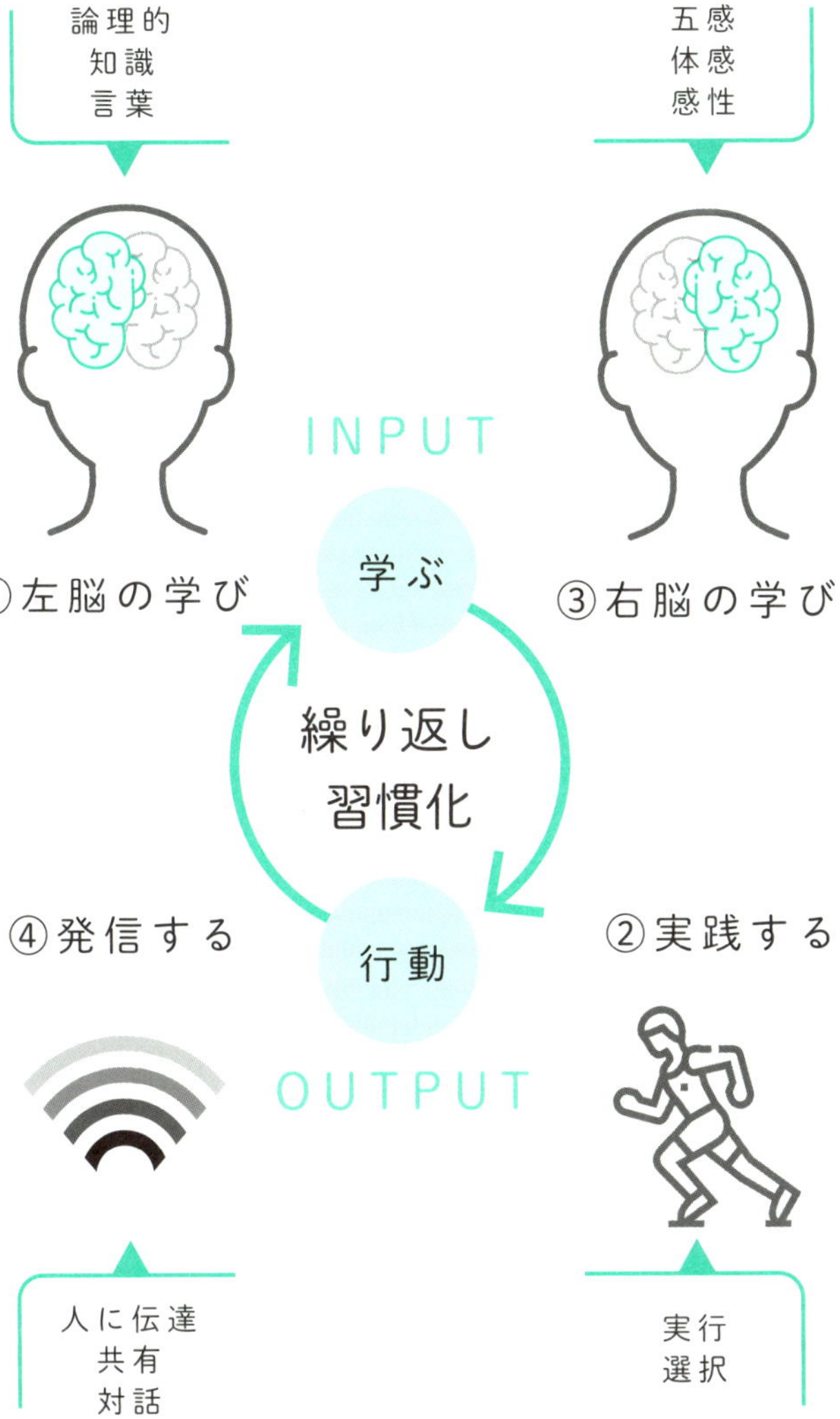
論理的
知識
言葉
五感
体感
感性
INPUT
①左脳の学び
学ぶ
③右脳の学び
繰り返し
習慣化
④発信する
行動
②実践する
OUTPUT
人に伝達
共有
対話
実行
選択

際にどのような気づきがあるかを知るのです。

これは「②実践する」であり、実践することによって経験体験が得られます。経験や体験は、今度は「③右脳の学び」としてインプットされます。

そして、気づきによって得られたものを再びアウトプットします。誰かに対して「④発信する」ことで他者への影響力が発生します。

これが「成長サイクル」です。


例えるなら、このサイクルは自動車教習所のようなものです。

教習所では、最初に教材を使って交通ルールや車の運転の仕方をインプットします。次に、教習所内で実際に教習車を使って運転をしてみます。

運転をすることで、知識で知っていることと実際にやってみることでの違いや、運転そのものを体験できますね。それによって感覚がインプットされます。

そして、一定期間が経てば仮免許試験や卒業検定などで学んできたことを実践し、教官に対して自らの実力を発信します。規定値を満たしていれば晴れて免許証が交付されます。

成長サイクルによる「量子飛躍」で生まれ変わる

この成長サイクルを継続していると、あるタイミングで臨界点を迎えます。すると突然変異のように、**ある日いきなり別人になったように生まれ変わることができる**のです。

私はこれを**「量子飛躍（クォンタム・リープ）」**と呼んでいます。

量子飛躍は量子力学用語で、原子核の周囲を回る電子がエネルギーの高まりによって軌道を変えた瞬間に、原子が別の状態に突然変異する現象を意味します。

例えば、ヘリウム原子では2個の電子が原子核の周りを周回しています。

電子は原子核を周回するさまざまな軌道やエネルギーレベルで見つけられますが、このときに最も低いエネルギーレベルを「1《いちエス》s軌道」と呼び、2番目に低いエネルギーレベルを「2s軌道」と呼びます。

このヘリウム原子は、紫外線を吸収すると、「1s軌道」から「2s軌道」へ電子が遷移《せんい》する可能性を持っています。ほかにも、ヘリウム原子に高エネルギーをぶつけると、リチウム原子に変化することがあります。

このような変化は、ヘリウムが徐々にリチウムに変化するような中間の状態があるのではなく、突然変異のように発生し、瞬時に変わるのです。

同じように、インプットとアウトプットを繰り返して習慣化していると、人間もある日いきなり飛躍的な成長を見せることがあります。

それまで一度も乗れなかった自転車に乗れるようになったり、逆上がりができるようになったり、楽器で何度もミスをしていた箇所がスムーズに演奏できたり……といった経験があなたにもあるでしょう。

これはまさに量子飛躍が起こり、エネルギーが高まることによって起こった、「できない人」から「できる人」への急成長の証と考えることができます。

重要なのはインプットよりもアウトプット

さて、ここまでインプットとアウトプットの習慣化が大事だとお伝えしてきましたが、運命がひらけない人の多くはここで大きな勘違いをしています。

それは「たくさんインプットさえすればいい」と思ってしまうことです。

特に、日本人は勤勉で勉強好きです。ですから、たくさん本を読んだり、セミナーに通ったり、賢人から学んだりということをしがちです。

それが決して悪いことだとはいいません。ですが、足りないのです。


むしろ重要なのは、アウトプットのほうなのです。

「エネルギー＝インプット×アウトプット^2」の法則を思い出してもらうとわかるように、アウトプット重視で行わなければいけません。インプット1割、アウトプット9割くらいのバランスがちょうど良く、**アウトプットを多くすることのほうがずっとエネルギーが高まり、影響力も出やすい**のです。


空を見上げてみてください。晴れていたら、そこには太陽が見えるはずです。

太陽は恒星なので自分で光を出しています。太陽の表面温度は約6000℃で、中心部は1600万℃にも達します。これほどの高熱を発しているからこそ、約1億4960万

kmも離れた地球に心地良い光と熱を届けてくれているのです。

つまり、太陽は自らエネルギーをアウトプットすることで、周辺の惑星を巻き込んでいるわけです。

同じようにあなたも、アウトプットを高めることによって、影響力を高めていきましょう。

運命がひらけない人の多くは本を読んだり、ネットで調べたり、動画を見て知識を増やしたりするだけで満足してしまいがちです。このような人を私は〝頭でっかち病〟と呼んでいます。

そうではなく、情報過多の現代でも行動しないと現実は変わりません。インプットしたもののエネルギーは実践によって身につきます。エネルギーが身につくことで状況が変化するのです。

アウトプットの手段はどんなものでもいい

実際にアウトプットをするときの手段はどんなものでも構いません。最もシンプルなのは出会った人に話をすることです。例えば本書で学んだことでいえば、「素直さとは心をひらくことなんだよ」と伝えるイメージです。

ほかにも、インターネットの時代なのでFacebook、Instagram、X（旧Twitter）のようなSNSや、YouTubeを使った動画配信、ブログやメルマガを使った文章でもいいでしょう。自分の学びや気づき、体験をアウトプットしましょう。

すると、最初は誰も見向きもしないかもしれませんが、やがてフォロワーや視聴者や読者が増えてきます。

私の場合は、最初は「Hakuna《ハクナ》」というライブ配信アプリで学びを発信していました。2カ月間、朝から晩までトイレやお風呂のときも関係なく、24時間密着で日々の出来事や知識をアウトプットしていました。

自分的にはこのような試みが面白くハマってしまったのですが、最初は1人の視聴者もいませんでした。ですが、2カ月後にはフォロワーが500人にまで増えました。話すことが上手になりましたし、物事をわかりやすく説明するのが上手になり、成長の機会となりました。さらに、そのフォロワーのファンの方とつながり、一緒に仕事をしてくれる人材を2名も引き寄せることができました。

アウトプットすることは、最初に心理的ハードルがあります。

誰も聞いていないかもしれない、リアクションをもらえないかもしれない、リアクションをもらえてもネガティブなものかもしれない、そもそも発信すること自体が気恥ずかしい……と感じますが、そこはまずどうでもいいのです。

目的は運命をひらくためなので、発信するのは〝自分のため〟で構いません。リアクションは、最初は無視して構わないのです。

それでもハードルが高く感じる人は、日記でもいいでしょう。ブログやYouTubeやTikTokだと気恥ずかしい場合や使い方がわからない場合は、ノートを買ってきて日記のように書けばいいのです。日記だったら見られる心配はありません。

アウトプットはあくまでも「伝達の手段」だからです。

そして、だんだんと形になって、多くの人に伝えたほうがいいとなったら媒体で発信すればいいでしょう。大事なのは運命をひらくため、自分のために行動することなのです。

アウトプットによって学びがより深まる

さらに、発信することで学びへの理解が深まります。

私も講演会やセミナーで色々な話をしますが、時に自分で「わかっているつもり」になっていることに気づくことがあります。例えば私は「素直が大事」と10年前から伝えていますが、〝最初は素直の意味をわかっていないこと〟をわかっていませんでした。あるとき受講生から、「素直ってどういう意味ですか？」と聞かれて初めて自分でもわかっていないことに気づいたのです。そこから探求の旅が始まりました。

そして、行きついたのが英語講師で通訳の松本道弘先生でした。

英語教育や日本文化について１４０冊を超える著作がある先生で、その先生に私は「素直」とはどういうことかを質問しました。

すると、「素直とはOpen Heartである」という答えをもらいました。日本語では「心をひらくこと」が素直さだとわかったわけです。

先生の言葉を聞いたとき、私の中で腑に落ちました。心をひらかないと素直になれない――量子思考によってそういう考え方があることも素直に受け入れたのです。

ちなみに松本先生は、14歳の頃から日々の気づきやアイデアをノートにアウトプットしていたそうです。

そのノートの内容がアイデアとなり、１４０冊もの本を執筆するネタ帳として機能したのではないかと私は思っています。

発信することで頭の中も整理されますし、学んできた物事がどこかでつながる瞬間（ひらめきの瞬間）が生まれるかもしれません。もしかすると興味や関心を持つ人が現れるかもしれません。

人に何かを伝えるためには自分の深い理解が必要ですし、深い理解を得るためにはアウトプットが必要になります。

この習慣を身につけることで、その過程でさまざまな発見をすることができ、自分を成長させることができるのです。

【習慣⑤】すべての出来事を柔軟にとらえる

感情を切り離せば出来事自体はニュートラルだとわかる

5つめの習慣は、「すべての出来事を柔軟にとらえる」ことです。

これは【習慣①】の「常に素直である」ともつながってきます。水が器に合わせて柔軟に形を変えるように、出来事も柔軟にとらえるようにしましょう。

ものの見方を柔軟にとらえることで運命がひらかれていきます。

ただ、人間にはこのときに邪魔をしてくるものが備わっています。

それが「感情」です。ある1つの出来事には必ず感情が伴ってやってきます。ゆえに人間は、「この出来事があったから、こんな感情になった」と出来事をとらえてしまいます。

その感情がポジティブであれば良いこと、ネガティブであれば悪いこととして表出してしまうのです。

例えば、雨が降ったとします。誰かと出かけようとしていた（デートの予定がある、バーベキューを開催する、バイクでツーリングに行くなど）場合、その雨はテンションが下がる原因になります。逆に、日照り続きの農家の人にとっては恵みの雨で、感謝の対象となるでしょう。

ですが、「雨が降った」という出来事そのものには、良い・悪いはありません。ただ、雲の動きでそのタイミングにその場所で雨が降っただけで、ニュートラルなものです。

ということは、出来事に良い・悪いのレッテルを貼っているのは、私たち人間側ということになります。そして悪いことでいえば、すべての出来事をネガティブに考えるとネガティブのスパイラルに陥ってしまいます。

「明日は出かける予定がある→雨が降って最悪だ→自分はツイていない（運が悪い）→ツイていない自分は何をやってもうまくいかない」というループがいつの間にか形成され

てしまうのです。

ですから、まず大事なのは「出来事」と「感情」を分離することです。

一旦は出来事をニュートラルなものとしてとらえる――これが第一のステップです。

万物は陰と陽。必ず「もう1つの側面」が存在する

いきなり「ニュートラルにとらえる」といわれると、ハードルが高いと感じるかもしれません。そう簡単に感情は切り離せないものだからです。

それならば、ある出来事に対して感情が生まれるとき、あるいはその前の時点でも、すべての物事には「もう1つの側面」があると考えてみてください。

「明日は我が身」や「人間万事塞翁《さいおう》が馬」というように、幸が不幸に、不幸が幸にいつ転ぶかがわからないので、一喜一憂しないようにすることです。

ここで、目に見える世界と見えない世界について考えてみましょう。目に見える世界は「陽」であり、目に見えない世界は「陰」です。

世の中はすべて「陰と陽」でできており、必ずもう1つの側面があります。

上に示したものは「**陰陽太極図**」といわれるもので、白が「陽」、黒が「陰」を表しており、天地万物あらゆるものは陰と陽のバランスによって成り立っていることを示しています。

世の中はまさに、この太極図のようにできているのです。

ですから、まずは出来事に対して感情が起こったとしても、一旦落ち着いて、「その出来事のおかげでどんなもう1つの側面があったか」を考えるようにしてみましょう。

例えば、子供の頃にいじめられた経験があったとします。

これはとてもネガティブな出来事だと思いますが、一方でいじめられる人の気持ちがわかったり、優しくなれたりします。

●陰陽太極図

乗り越えることができれば、将来はいじめで困っている人を助けたり、撲滅運動のような使命にもつながっていったりするかもしれません。

一見するとネガティブな出来事が、世の中の役に立つ糧《かて》になり得ることもあるのです。

このように、出来事をプラスにもマイナスにもとらえる量子思考の考え方は、柔軟そのものです。一側面だけではなく、いろいろな観点から見ることでモノの見え方は変わってくるのです。

とらえ方の数だけ「世界線」は存在する

【習慣③】でパラレルワールドについてお伝えしました。

選択と決断によって世界線（分岐した別の世界・時空）が分岐する、という内容でしたね。パラレルワールドの考え方でいえば、宇宙にはいろいろな可能性があり、人間の考え方の数だけ宇宙があると考えることができます。

人は誰しも「自分の考えの世界観」で生きています。ですから、その枠を飛び越えられず、別の世界線へ飛躍することができないのです。

ですが、実際はいろいろな世界線があり、出来事を柔軟にとらえることで別の世界線で生きることができます。出来事にネガティブなイメージをつけて固定すると、その世界線での人生が始まってしまいますし、逆も然《しか》りです。

運命をひらくためには、今の状態からより良い世界線へ移る必要があります。そのためにもまずは自分が〝井の中の蛙《かわず》〟であることを知り、自分で選択した世界線で生きている現状を知るようにしましょう。

量子思考を身につけるための「運をひらく質問」

出来事をニュートラルなものとしてとらえることが第一のステップだとお伝えしましたが、その次のステップとなるのが、「出来事に対する感情を置き換える」ということです。

ネガティブな出来事であればポジティブな意味づけを行い、ポジティブな出来事であればネガティブな側面を見ていきます。すべては陰と陽ですから、ポジティブもネガティブも、両方とももう片方の側面に目を向けます。

このように一定の枠組みで見ていることの枠組みを外し、違う枠組みで見る方法論を、コミュニケーション心理学では「リフレーミング」と呼びます。

そして、リフレーミングを行う際には質問が重要です。質問をすることで波が粒になる話（90ページ参照）を思い出してください。

ネガティブな出来事が起こったとしても、別の側面にはポジティブなものが隠れています。ですが、それはまだ波の状態なので質問をすることで粒子化するのです。逆も然りです。具体的な質問としては次のようなイメージです。

●ネガティブをポジティブに変える質問

「その出来事から得られた学びは何ですか？」

「その出来事から感謝できることは何ですか？」

このように質問すると、例えばマイナスとして認識していたことがプラスに思えてきます。

過去の嫌な出来事がもしも現在の足枷《あしかせ》になっているのであれば、そのネガティブな体験から学べることやベネフィットを得られれば、そこに気づくだけでも変化があるはずです。過去の出来事による恐怖や躊躇《ためら》いがあっても、それをポジティブに陽転できれば次の行動が変わります。

同時に「好事魔多し」という故事成語があるように、調子がいいときこそ油断してはいけません。その裏側にある〝魔〟を認識して、「治に居て乱を忘れず」「勝って兜《かぶと》の緒《お》を締めよ」のような感覚を持って陰転させ、ポジティブがネガティブに転じていく前の準備をすることが大事です。

これが、陰と陽が統合された波と粒子の状態であり、バランスの取れた量子思考の状態といえるのです。

粒子化した出来事を「波」に戻して再度「粒子化」する

ここまでお伝えしたように、出来事はあくまでもニュートラルであり、出来事に良し悪《あ》しをつけているのは私たちの信念や価値観です。

信念や価値観に基づいて出来事をネガティブに意味づけするとネガティブな感情が生まれ、ポジティブに意味づけするとポジティブな感情が生まれます。

つまり、出来事を意味づけすることは、物事の観測の仕方を変えることと同じです。まさに素粒子が観測されることによって波動性から粒子性に変わるのと同じように、物事のとらえ方や観測の仕方を変えることでポジティブにもネガティブにも変化させることができるのです。

リフレーミングを行うことは、量子力学的には観測の仕方を変えることなので、一旦、粒子化したものを波の状態に戻し、再び別の粒子に変化させることにほかなりません。

「雨が降って嫌だ」を「雨が降っている」に戻す――これが波に戻した状態です。そこから「雨が降ったことで心が落ち着いた」「集中して何かに取り組めた」などの別の側面に解釈することが「再粒子化」です。

起こってしまった出来事は変えられませんが、解釈は変えられるのです。

これを繰り返すことで〝正のスパイラル〟に入っていくことができます。

出来事を認識し解釈すると感情が生まれ、思考が生まれ、行動が変わります。行動が変わると習慣が変わり、現実が変わります。

これをポジティブに向けたものが〝正のスパイラル〟であり、運命がひらかれていくきっかけになります。

認識と解釈はインプットとアウトプットでもあります。認識＝インプットしたものをどう解釈＝アウトプットするかで行動と習慣が変わります。

これを柔軟に行っていけるようになれば、現実も変えられるのです。

実際に、私に相談に来られたある方の話です。その方は、投資の話に騙され、1億円の被害に遭ったそうです。私はその方に質問をしました。

「その出来事から何を学びましたか？　何か得られたことはありませんか？」

するとその方はこう答えました。

「お金の大切さを学びました。お金のありがたさに気づきました」

しばらくして、その方から連絡がありました。何と、別の形で4億円のお金が入ってきたそうです。まさに出来事のとらえ方を変えることで、運命をひらくことができたといえるでしょう。

陽中の陰、陰中の陽でどん底からも脱出する

「考え方はわかったけど、それでもどん底にいる人には通用しないだろう」

ここまで読んでみて、そんな風に思われたかもしれません。

確かに、柔軟になるといっても、どん底状態の人はその境地にはなれないかもしれません。「もうダメだ」「人生これまで」と感じてしまったときに、いきなり出来事と感情を切り離すのは難しいでしょう。

少し私の話をすると、2023年に仕事でニューヨークへ行きました。その際に不注意で私は眼鏡を踏み壊してしまいました。私の視力は0・01なので眼鏡がないと何も見えません。作り直すにもレンズがなく、日本に帰るまでそのまま過ごさなければいけなくなりました。

さらに、レストランで食事をしているときに、シーフードを食べた直後に歩けなくなり、その後、車いす状態になりました。そのままニューヨークで3日間を過ごすことになり、予定していたことが何も楽しめなくなってしまったのです。

結局、日本に帰ってからクリニックで検査などをしましたが、原因不明でした。その後、足の裏が膿《う》んでいることがわかり、治療して歩けるようになりましたし、眼鏡も作り直しました。ですが、ニューヨークで過ごした3日間はまさに、どん底の精神状態でした。

そのとき、私が考えたのが「陰中の陽、陽中の陰」でした。

１６６ページの太極図を思い出してください。陰陽それぞれの中に魚眼のような白丸と黒丸が描かれています。これが陰中の陽、陽中の陰で、「どん底でもうダメだと思ったときの救いの手」を表しています。

ネガティブで、どん底で苦しい中でも必ずそこには陰中の陽があり、それに気づければ陽転させることができます。

私の場合は、「目の不自由な人の気持ちを知る機会」「足の不自由な人の気持ちを知る機会」と考えました。

結果的に助かったので「結果論ではないか」と思われるかもしれませんが、それでも陰中の陽に気がつかないと終わってしまうので、あきらめずに陰中の陽があることを知り、アンテナを張ることが大事なのです。

この世界は「仮想空間」と考えてどん底を乗り切る

どん底を乗り切るためのもう1つの考え方は、この世界を「仮想空間である」ととらえるやり方です。


世界が仮想空間である可能性については、拙著『「量子力学的」強運の方程式』（SBクリエイティブ）に詳しく書きましたので、ここでは一部を紹介します。

オックスフォード大学のニック・ボストロム教授が提唱した「シミュレーション仮説」では、人類が生活するこの世界はすべて「シミュレーテッド・リアリティ（現実と区別がつかないレベルでシミュレートが可能）である」としています。

原子の構造の話を思い出してもらいたいのですが、原子の中心には原子核があり、その周りを電子がグルグルと回っています。

原子のサイズは10^{-8}㎝（約1億分の1㎝）の大きさしかなく、原子核はさらに小さく10^{-13}㎝（約1兆分の1㎝）の大きさしかありません。

原子のサイズを東京ドームだとすると、原子核はパチンコ玉1個分くらいのサイズです。残りは空洞で、原子の99・9％はスカスカの状態といえます。

つまり、実態は〝あるようでない〟のです。

そして、この世界の実態は、あるようでない現実と区別がつかないレベルでシミュレートされた世界だと考えれば、どんなことが起きても「シナリオ上のイベントに過ぎない」と考えることができます。

松下幸之助さんも、やりきれないときの心の持ち方の1つとして、「現実の社会というものを、一つの芝居、ドラマと考える」といっています。

さらに、松下幸之助さんは「波瀾万丈《はらんばんじょう》手に汗にぎるといった芝居のほうが見ていて面白いのはいうまでもありません。（中略）無事平穏な世の中で演じられるよりも、激動の社会を舞台にくり広げられるほうがはるかに興味があり、味わい深くもあるでしょう」ともいっています。

もちろん、だからといって現実に起こっている状況や感情は仮想ではありません。ですから、どん底でいいというわけではなく、最悪のときにそう気づけることで打ちひしがれずに済む、ということなのです。

【習慣⑥】すべての出会いとご縁を大切にする

出会いとご縁を大切にすれば会いたい人に会える

6つめの習慣は、「すべての出会いとご縁を大切にする」ことです。

仏教思想の中核を示す語に「因縁《いんねん》」があります。

因と縁はそれぞれ「原因」を意味する語でしたが、現在では因＝直接の原因、縁＝間接の原因という解釈が生まれています。「因」と「縁」がそれぞれあって「結果」が起こる、「因→縁→果」の考え方なのです。

【習慣③】で「すべての人を師匠とする」とお伝えしましたが、師として学びを得るだけにとどまらず、出会いそのものも大切にし、ご縁が広がっていくように心がけましょう。

● ミルグラムのスモール・ワールドメソッド

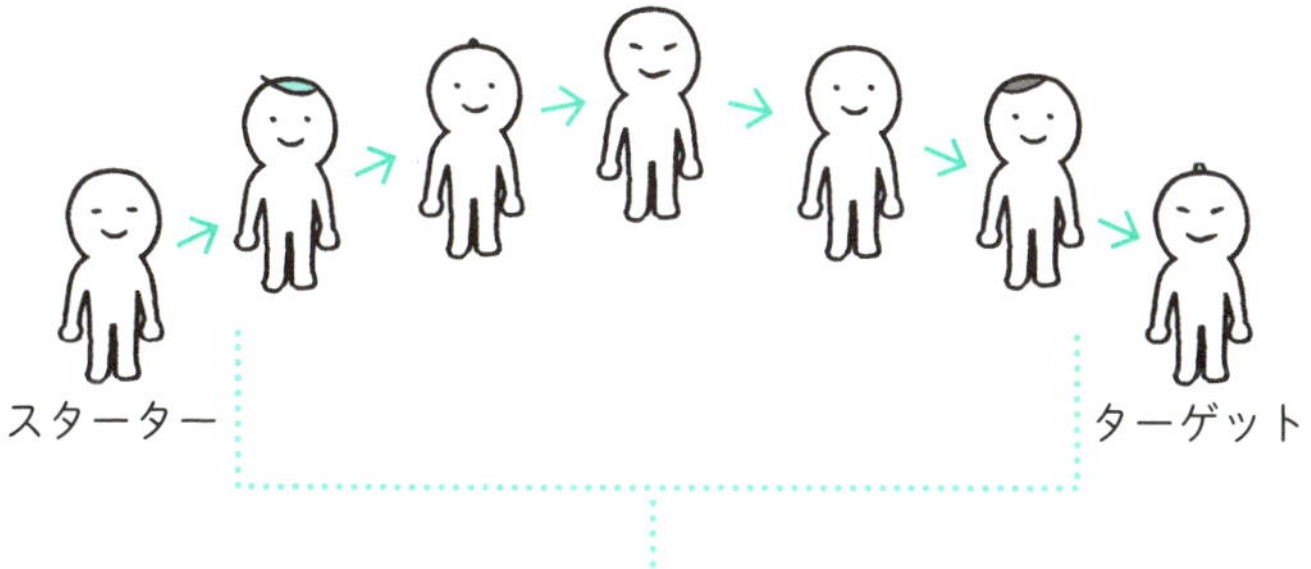

必要な紹介者は平均5人だった

全米からランダムに指定された人物に、
手紙をリレーしていった実験

ご縁に関しては**「スモール・ワールド現象」**という側面でも語れます。

アメリカの社会心理学者スタンレー・ミルグラムが1967年に行ったスモール・ワールド実験をきっかけに、「六次の隔たり」という有名なフレーズが生まれました。**「すべての人や物事は6ステップ以内でつながっており、友達の友達を介して世界中の人々と間接的な知り合いになれる」という仮説**で、スモール・ワールド現象とされています。

これを日本風に直すと「世間は狭い」ということになります。

つまり、人との出会いを大切にし、学び

を得て良いところを取り入れるだけではもったいないのです。

ご縁もつないでいけば、知り合いの知り合いでつないでいった先で会いたい人に出会えたりしますし、自分にとってプラスのご縁を引き寄せることができると考えられるのです。

私の講座の受講生が、私が主催するイベントに参加していたときに、ある本の著者が隣の席に座ったので、びっくりしたそうです。というのも、そのとき、偶然にもその著者の本をカバンに入れて持ち歩いており、その著者ご本人が突如、目の前に現れたからです。

私との出会いからその著者とのご縁が深まったそうです。

「私」と「あなた」も今この瞬間のご縁でつながっている

私は「ご縁」のことを、量子力学では「量子もつれ（エンタングルメント）」と呼ぶのではないかと考えています。

量子（素粒子）同士が出会ってペアになると〝もつれ状態〟になり、影響を与え合うようになります。どれだけ離れていても、量子Aの状態が変わると量子Bにも影響を与えるのです。

第1章で量子テレポーテーションについて言及しました。

「2つ以上の粒子がその量子状態において密接に関連し合っている現象で、一方の粒子の状態を測定することで、即座に他方の粒子の状態が決定される性質を持つ」というものでした。

量子テレポーテーションの実験は1997年に世界で初めて行われ、成功しています。私が量子力学への興味を持つきっかけになったのもこの実験でした。

万物は素粒子で成り立っており、人間もまた素粒子で構成されています。ですから、出会うことでお互いに影響を与え合うと考えることができるでしょう。すぐ傍にいなくても、遠く離れていても、その人のことを思い出して、「そういえば、こんなことをいっていたな」と何かしらの影響を受けます。

さらに、あなたが今読んでいるこの本も素粒子でできています。あなたは何かのきっかけや思いがあってこの本を手にしたわけですから、ご縁は発生しているといえるでしょう。

すると、量子もつれはすでに起こっていると考えられます。ここまでに書かれてきた文字が、何かしらの影響をあなたに与えているはずだからです。

仮に本を読み終えて本棚にしまっても、古本屋さんやメルカリに売ったとしても、影響はし合っているのです。

ご縁は良縁も悪縁も公平に大切にすること

出会いやご縁を大事にするといっても、すべての出会いやご縁が良いもの＝良縁であるとは限りません。ですから、すべてのご縁と必ずつながらなければいけない、とは私はいいません。

アドラー心理学研究で有名な岸見一郎さんの著書に『つながらない覚悟』（ＰＨＰ新書）がありますが、氏はその中で「偽りのつながりを真のつながりに変えること」を説いています。

ご縁には「良縁」と「悪縁」があります。

まず、その出会いやご縁を、良縁か悪縁か見極めましょう。

良縁でプラスの影響を与えてくれるのであればお付き合いすることはいいですが、悪縁だと感じた場合にはご縁を絶つのではなく、「うまく付き合う」必要があります。

悪縁によって自分に対してマイナスの影響を与えてくる場合は、無理に付き合う必要はありません。

ですが、マイナスの影響を与える悪縁がきっかけになって別の良縁（プラスのご縁）を引き寄せることもあります。すでにお伝えしたように、すべては陰陽であり、陰陽には陽中の陰と陰中の陽があるからです。

ですから悪縁であっても、ご縁を絶ってしまわないように、人と会うときには親切にしたり、丁寧に接したり、どんな人に対しても公平・公正に接することを心がけましょう。

世の中には立場が上の者には丁寧に、下の者には横柄に接する人がいますが、これではいけません。そうではなく、すべての人に公平に接し、区別しないことが大切なのです。

ご縁を大切にするための方法論

では、どのようにすればご縁を深めることができるのでしょうか？

答えはシンプルで、**「相手に喜んでもらえることをする」**ことです。具体的にはメッセージやプレゼントを渡しましょう。

例えば、メッセージであれば、出会えたことへの感謝のメッセージや誕生日のメッセージです。かつては、名刺交換をしたらその日のうちにお礼状を出したり、バースデーカードなどを送ったりする習慣がありました。ただ現在では、ＳＮＳの発達によってそのような習慣も減ってきていると思います。

代わりに、出会ったらすぐにＳＮＳでつながれる時代になりました。また、ＳＮＳでは相手の誕生日が通知されることもあると思います。

それらの機能を活用して、つながったらその日のうちに出会いに感謝するメッセージを送ったり、誕生日を祝うメッセージを送るようにしましょう。

プレゼントであれば、アポイントがある際にちょっとした手土産《みやげ》や、旅行へ行ったときのお土産を渡して相手に喜んでもらいます。

もちろん、毎回そうする必要はなく、プレゼントするのは物品である必要はありません。有益な情報をシェアしたり、相手にとって価値のある人を紹介するのもいいでしょう。もしくは、困り事へのアドバイスをしたり、ただ話を聞いたり相談に乗るのでも構いません。

大切なのは、相手に思いやりの心を持ち、誠実に向き合うということです。

ご縁を大切にすることは「八紘一宇」の精神と同じ

思いやりの心を持ち、誠実に向き合っていると、やがてご縁が深まり、相手と親密な関係になっていきます。

さらにご縁が深まることであなたにご縁が返ってきて、あなたが会いたい人を紹介してもらったり、求めている情報をシェアしてもらえたり、プレゼントをもらえたりする、いいご縁を引き寄せることができます。

もちろん、出会うすべての人にそれをしようとすると大変だと思います。

ですから、自分の価値観や考え方と合わない人とは無理にお付き合いする必要はありません。ただ、プラスのいい影響を与えてくれそうな人とはお付き合いを継続したり、一緒にいる時間を増やしたりするように心がけましょう。

あなたがご縁を深めることをしていると、同じようにご縁を大事にしている人が引き寄せられてきます。自分の発する周波数と共鳴する人が集まってくるからです。

それによって良縁と出会えるチャンスが増え、運命はひらかれていきます。

私は、この「ご縁を大切にする」という考え方は日本人にはピッタリとフィットするものだと思っています。

日本人の伝統的な精神に「八紘一宇《はっこういちう》」があります。

「八紘」は「天下」のこと、「宇」は「家」のことです。

『日本書紀』には、初代天皇であられる神武天皇が奈良の橿原《かしはら》に都を建てられた際に、「八紘《あめのした》を掩《おほ》ひて宇《いへ》に為《せ》む」という詔《みことのり》を出されたとあります。

つまり、八紘一宇は「天の下に1つの家のような社会を築こう」という建国の理念なのです。

また日本は「大和《やまと》の国」ですが、大和は「大きく調和すること」「仲睦《むつ》まじいこと」を意味します。

日本人にとって隣人は調和する存在であり、それが建国からのマインドなのです。つまり、人と仲良くし、ご縁を大切にする素地が2000年以上前から備わっているということです。

このように考えると、ご縁を大切にするのは日本人にとって得意なことですし、当たり前のことと考えられるのではないでしょうか。

【習慣⑦】すべての出来事に感謝する

今ある現実は奇跡的なこと

7つめの習慣は、「すべての出来事に感謝する」ことです。

感謝の大切さは多くの成功者が説いているところですが、ふだんはなかなか感謝することに意識を向けられていない人が多いのではないでしょうか。

私が感謝の大切さに気づいたのは、カフェでクラブサンドイッチを食べていたときのことです。クラブサンドイッチを食べた瞬間、急にこれまでの出来事や出会いを走馬灯のように思い出しました。そして、過去のさまざまな出来事や出会いの奇跡の連鎖によって、「今ここ」でクラブサンドイッチを美味しく食べている現実とつながっていることに気づき、感謝の気持ちで涙が溢れてしまったのです。

今ある現実が奇跡的であり、有ることが難しい、つまり、有り難いことなのです。

私たちが認識すべき「3つの感謝」

そして私は、感謝には3つのレベルがあると思っています。

①何かをされたら「感謝」
②何もなくても現状に「感謝」
③何があっても「感謝」

です。

①は、誰かから何かをされたときに感謝を感じるレベルです。
コンビニエンスストアで商品を受け取るとき、電車で席を譲ってもらったとき、ドアを開けておいてもらったときなど、さまざまな場面で、当たり前のコミュニケーションとして行うレベルの感謝です。

世の中には「ありがとう」を1日に一度もいわない生活をしている人もいます。そういう人は、すべてを当たり前だと思ってしまっている可能性があります。もしくは、他者に対しては感謝できても、身内や身近な存在に対してはなかなか感謝の心を持てなかったりします。

他者には何かしてもらったときに感謝できる人であっても、身内や身近にいる、してもらって当たり前になっている人に対しても、「ありがとう」を伝えていきましょう。当たり前を、「当たり前でない＝有り難いこと＝ありがとう」に変換して感謝していくことがレベル1の感謝をクリアする方法です。

②は、何もなくても現状に感じる感謝のレベルです。

例えば、朝起きて朝食を食べて仕事するなど日常茶飯なことに感謝することです。仕事がある人は仕事があることに感謝する、住む家や食べ物に困っていない人は普通に生活できていることに感謝することです。

私たちが日々を生き、当たり前のようにできていることの背景には、実は感謝できる現状がたくさんあるのです。

何もなくても現状に感謝を感じるようになるには、認知している世界の領域を広げていくことが必要です。

まず、自分が存在できて、当たり前の日常を過ごせていることに気づきましょう。その上で、日常を構築してくれている他者や環境へと認識を拡張していくのです。

電車が時間通りに来るのは、ダイヤに合わせて運転してくれている鉄道会社の職員がいるからです。エレベーターが動いてオフィスまで行けるのは、メンテナンスをしてくれている管理会社があるからです。

水道やガス、電気をいつでも使えるのは、見えないところでインフラ関連会社の社員たちが日々、これらを管理しているからです。

このように私たちが日常、当たり前に生活できているのは、見えないところでたくさんの人たちが働いてくれているお蔭なのです。

いかがでしょうか？　何もない現状でも感謝できることがたくさんあると気づけるはず

です。この世に当たり前のことなど実はほとんどなく、感謝の対象がどんどん広がっていくのを感じると思います。

③の感謝は、何があっても感謝の気持ちを忘れないレベルです。いってみれば「生きてるだけで丸儲《まるもう》け」の世界観です。

ここで私の息子について触れたいと思います。私の息子は難産で、お腹《なか》から出てこられない状態が48時間も続き、やっと出てきたときには呼吸をしておらず仮死状態でした。医療関係者の必死の対応もあって1週間後に息を吹き返しましたが、仮死状態だった影響で脳機能障害や発達障害を患いました。8歳になった今でも言葉を話せませんし、自力でトイレにも行けずお風呂にも入れません。

ですが私としては生まれてきてくれて、無事に生きて8歳まで育ってくれただけで有り難いです。何もできないから存在価値がないかというとそんなことはなく、生きているだけで価値があると思っています。

多くの人は何かが〝できる〟ことに価値を見出《みいだ》します。そして、できない自分や他者を否定してしまいがちです。でもそうではなく、まずは生きているだけ、存在しているだけで素晴らしいことに気づけるよう、心がけてみましょう。

騙されて全財産を失っても、事故に遭って利き腕を失っても、突然の病気になって後遺症が残っても、言葉にできないほどの絶望を感じるかもしれませんが、それでも何もかも失ったわけではありません。

「できないこと」「失ったもの」「存在しないもの」にフォーカスするのではなく、「残っているもの」「あるもの」にフォーカスを向ければ、感謝できる感覚が芽生えます。

もちろん、この境地に至るのは容易なことではありません。

はっきりいえば「悟りの境地」だと思います。

ですから、まずはレベル1の感謝を実践し、レベル2の感謝に進むことから始めて構いません。そして最終的にはレベル3の境地を目指してみてください。

量子力学的「存在論」で自分が存在する奇跡に気づく

前項では、周囲への感謝、他者への感謝についてお伝えしましたが、**何よりもまず行わなければいけないのは、「自分が存在していることへの感謝」を認識する**ことです。

何かができる自分を肯定したり、何かができない自分を否定したりするのではなく、まず生きている・存在していることそのものを奇跡と考え、素晴らしいことだと気づきましょう。

それなしには周囲への感謝は生まれませんし、考え方が変わるスタートラインを越えることができません。

量子力学を学ぶと、この世界は、「可能性の重ね合わせの状態」であることがわかります。

あるかもしれないし、ないかもしれない。観測することで「ある」という粒子化した状態になり、観測していない場合は「あるかもしれないし、ないかもしれない」という波の状態です。

これが**量子力学的「存在論」**です。

そんな世界で、確かに自分という存在をあなたは観測できるはずです。

つまり、あなたはそこに「ある」わけです。すべての物質は素粒子で構成されていますが、あなたを構成している素粒子も、あなた以外の人とまったく同じ組み合わせではありません。ちょっとでもパズルが崩れたら別のものになったり存在できなくなります。

そう考えると、あなたという構成要素は唯一無二であり、奇跡のような確率で存在できていることを感じ取れると思います。

さらに、あなたとまったく同じ経験、学びをしている人は世の中には存在しません。

まさに宇宙で唯一無二の存在であり、46億年以上の地球の歴史の中の奇跡の1つといえるのです。まず、ここに気づいてもらいたいのです。

これに気づければ、実は日々、感謝を感じられるさまざまなことが起こっており、誰かとの出会いも有り難いことであるとわかると思います。そして、他者や周囲に対しての感謝の気持ちも湧いてくるようになるのです。

「ありがとう」は運命をひらくマントラ

実際に感謝の気持ちを伝える場合には「ありがとう」という言葉を使います。

まずは自分への「ありがとう」を伝え、周囲への「ありがとう」も伝えていきましょう。

言葉には周波数があります。ですから、感謝の言葉そのものを口にすることはとても大事なことなのです。

IKEA UAE（アラブ首長国連邦）がいじめ防止啓発のために行った実験があります。

2つの同じ植物AとBを日射量、水量、肥料の量などを同条件にして、植物Aには「優しくて愛のある言葉」を、植物Bには「悪口や罵倒する言葉」をレコーダーで流して浴びせました。

30日後、植物Aは瑞々《みずみず》しく育ち、植物Bは萎《しお》れてしまいました。

「ありがとう」のような感謝の言葉にも、例えば「バカ野郎」のような罵倒する言葉にも

● IKEA UAEのいじめ防止啓発のための実験

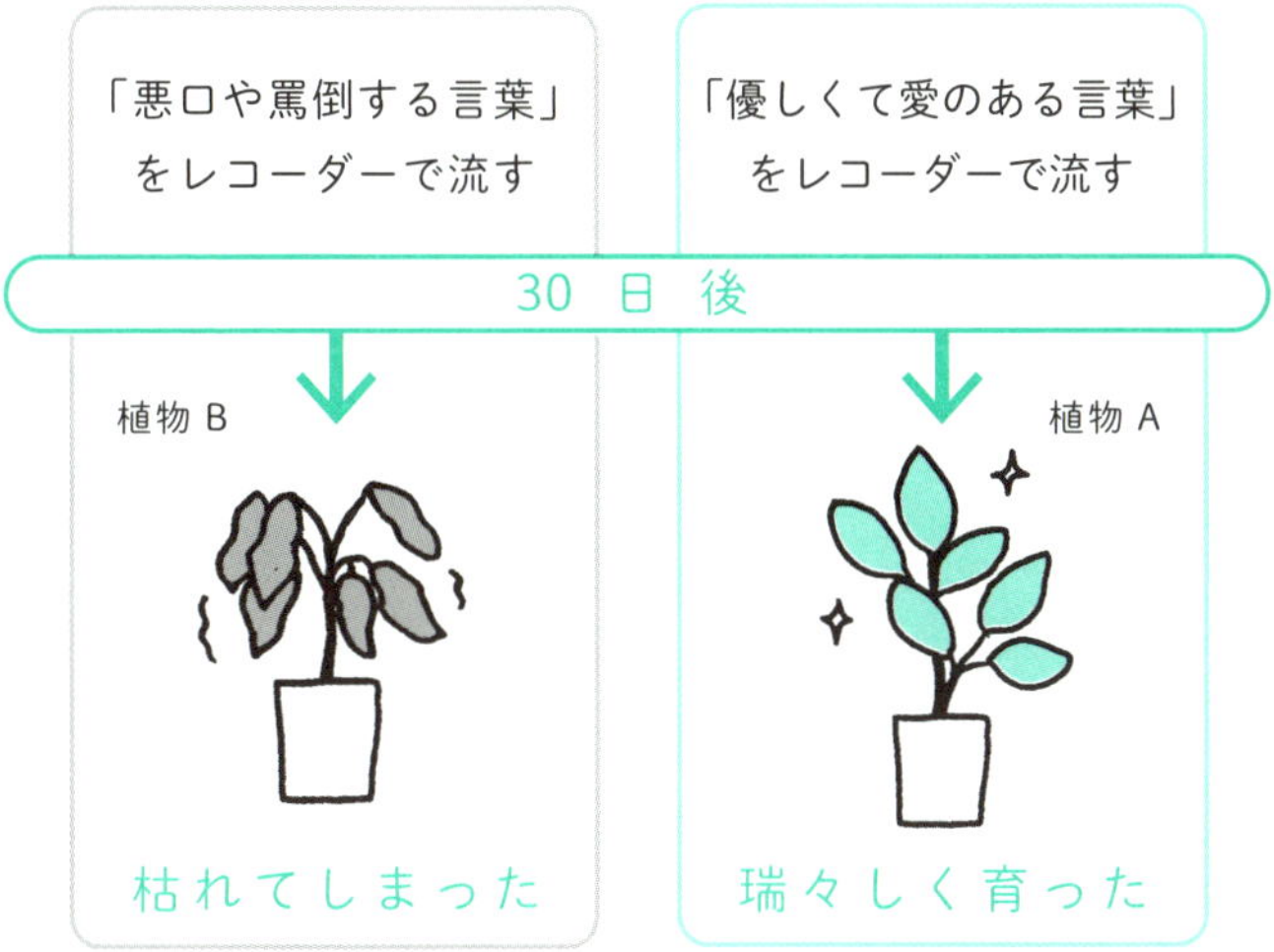

それぞれ周波数があり、相手にそれぞれのエネルギーを伝え、作用するのです。

ということは、普段からどんな言葉を意識して使うかで、発する周波数が変わり、現実に引き寄せるものが変わってくることになります。

実際、私の知人に、子供の頃から全身がアトピー性皮膚炎で苦しんでいる人がいましたが、「ありがとう」という言葉を毎日、5万回唱えたところ、数カ月後にはその病気が完治してしまったそうです。

このような意味でいえば、**感謝を伝える「ありがとう」という言葉は「運命をひらくマントラ」**といえるかもしれません。

マントラとはインドで古代から使用されている、心を落ち着かせるために唱える短い言葉です。サンスクリット語で「言葉」「文字」を意味し、真言や呪文という意味のある「力の籠《こも》った言葉」のことです。

ヨガにおいては、108個のビーズで作られたマーラー（数珠《じゅず》）を使って繰り返しマントラを唱えながら瞑想することをジャパ瞑想といいます。指でビーズを一粒ずつ数えながら送ることで、マントラに宿る力と自分の声のエネルギーが共鳴し、深い浄化効果を生み出すそうです。

そう考えると、感謝を伝えるために「ありがとう」を唱えることは、運命をひらくマントラを唱えることと同義といえるかもしれません。

チャクラによって言霊エネルギーが変わる

さらに、言葉そのものだけでなく、「チャクラ」にも着目しましょう。

チャクラとは、サンスクリット語で「車輪」「回る」を意味する言葉です。そこから派生して、「心身の働きを司《つかさど》るエネルギーの出入り口」と解釈されています。

チャクラは人体に7つあるとされており、それぞれの場所からエネルギーが絶えずグルグルと車輪のように回っているのです。

- 第1のチャクラ（ムラダーラ）：会陰《えいん》部
- 第2のチャクラ（スヴァディシュターナ）：丹田
- 第3のチャクラ（マニプーラ）：みぞおち
- 第4のチャクラ（アナーハタ）：心臓
- 第5のチャクラ（ヴィシュッダ）：喉
- 第6のチャクラ（アジニアー）：眉間
- 第7のチャクラ（サハスラー）：頭頂部

1つの言葉を口にするときでも、どのチャクラを使うかによって周波数が変わります。それによって言霊《ことだま》エネルギーに変化が生じます。

「E=hν」の公式を思い出してください。周波数が高いほどエネルギーが大きくなる法則

● 7つのチャクラ

7番目のチャクラ
サハスラー・
チャクラ
6番目のチャクラ
アジニアー・
チャクラ
5番目のチャクラ
ヴィシュッダ・
チャクラ
4番目のチャクラ
アナーハタ・
チャクラ
3番目のチャクラ
マニプーラ・
チャクラ
2番目のチャクラ
スヴァディシュターナ・
チャクラ
1番目のチャクラ
ムラダーラ・
チャクラ
（足の奥側にある会陰部）

でしたね。

言霊エネルギーでいえば、「言霊エネルギー＝言葉×周波数」という式で表現できると考えています。同じ言葉でも言葉の周波数が変わると、言霊のエネルギーが変わるのです。

感謝の気持ちを「ありがとう」という言葉にして伝えるときに、喉のチャクラ、心臓のチャクラ、丹田のチャクラのどこを意識して使うかによって伝わり方が変わります。

喉のチャクラを意識する場合は、言葉による挨拶程度の「ありがとう」として伝わりますし、心臓のチャクラであれば心からの「本当にありがとうございます」として、丹田のチャクラを使えば腹の底からの「ありがたき幸せ」として伝わります。

実際に口にしてみるとわかりますが、同じ言葉でもトーンや言い方を変えると、気持ちが変わります。当然、伝わり方も変わるのです。

私は、この「ありがとう」をたくさんの人にいえて、同時にたくさんの人からいわれる人になることで、運命はひらけると考えています。

これを**「感謝の貯金」**といいます。感謝の貯金は「ありがとう」をいうよりもいわれることで貯まります。周囲に感謝すると同時に、周囲からも感謝される人こそが、多くの人に影響力を与え、運命をひらいていくことができるのです。

☆運命をひらくための7つのステップ

ここまで「運命をひらく7つの習慣」についてお伝えしました。
最後に、「運命をひらくための7つのステップ」についてお伝えしていきます。
具体的なステップは次の通りです。

- ステップ1：人生の8つの柱の現状を知る
- ステップ2：理想の状態をイメージする
- ステップ3：明確な目標を設定する
- ステップ4：言葉で宣言して100％コミットする
- ステップ5：実現のための詳細な計画を立てる

● ステップ6：強い動機と情熱を持つ
● ステップ7：圧倒的に行動する

7つの習慣を身につけたら、あとは自分が「どんな風に運命をひらきたいか」を明確にして、その目標へ向かって行動していくことが運命をひらく仕上げとして肝要です。ただ、その場合にも手順があります。1つひとつは複雑ではありませんが、欠かすことのできないものなので、しっかりと内容を理解し、実践してください。

【ステップ1】人生の8つの柱の現状を知る

私たちの人生には8つの柱があります。「心」「お金」「成長」「健康」「時間」「仕事」「貢献」「人間関係」のそれぞれの現状をパラメータ化します。理想の状態を10として、0～10までの何点かをそれぞれ決めていくのです。すると8角形のパラメータができ、現状のバランスがわかります。

【ステップ2】理想の状態をイメージする

現状を知った8つの柱のうち、どれか任意のものを1つ選びます。自分が運命をひらくにあたって、どのテーマにまずフォーカスしたいかを決めてください。8つ全部を叶えるのでも構いません。それぞれの10＝理想の状態がどのようなものかをイメージします。

【ステップ3】明確な目標を設定する

理想の状態を実現するために、目標を明確に設定します。「このテーマはこうなったら理想の状態といえる」というものを決めます。例えば「健康」であれば、「酒とタバコをやめている」「運動不足と食べ過ぎを解消してメタボを脱出している」などです。イメージをより具体的に、リアリティのあるものとして明確にする作業です。

【ステップ4】言葉で宣言して100％コミットする

設定した目標に対して「必ず実現する」と宣言します。「〜したい」ではなく「〜する」とコミット＝結果に対する自分との約束を行います。できるだけ具体的に宣言してください。例えば、「月収100万円」なら、「私は20XX年X月までに月収100万円を達成します」、「5kgのダイエット」なら「私は20XX年X月までに体重○kgを達成します」という感じです。宣言する方法は紙に書いて貼るのでもいいですし、誰かに伝えるのでも構いません。

【ステップ5】実現のための詳細な計画を立てる

コミットした目標を達成するための具体的な行動計画を立てます。「3カ月で5kgのダイエット」なら、「毎日30分のウォーキングをする」「常に食べる量を腹八分目にする（大盛にはしない）」「夕食には揚げ物を食べない」「1日の摂取カロリーはXキロカロリーまでにする」など具体性を持たせます。

【ステップ6】強い動機と情熱を持つ

コミットした目標を何のために達成するのか、目的を決めます。「やるぞ！」だけのテンションでは長続きしません。「どうしてその目標を達成したいのか」「達成したときにはどんな感情や状態を得られるのか」をイメージします。「ダイエットをして周囲から『痩せたね』や『スタイルが良くなったね』といわれるため」などの具体的な目的です。目に見えないイメージを観測できる状態にするため、これも紙に書いて目に見えるところに貼りましょう。

【ステップ7】圧倒的に行動する

目標と目的を設定し、宣言もできましたので、あとは行動するだけです。貼った紙をただ眺めているだけでは現実は変わりません。実現するためにはどんな行動をするかを明確にして、圧倒的な行動をしてください。行動することによって少しずつ具体化したイメージが現実化し、運命が好転していきます。

7つのステップは以上です。

7つの習慣によって人間的に成長を行い、7つのステップによってなすべきことを実践していく――これによって運命はひらかれ、好転していきます。

1つひとつを見ていくと途方もないように思えるかもしれませんが、紐解いてみると実は小さなことの積み重ねだと私は思っています。

感謝する、学ぶ、ご縁を大事にする、などは人格者としては当たり前のことですし、目標や目的を明確にして行動することは、何かを達成するためには避けて通れないことです。

そう考えると、運命をひらく方法は「当たり前の積み重ね」なのかもしれません。その効果は絶大ですが、意外とちゃんと実践している人は少なかったりします。だからこそ、あなたが今日から始めることで、これまでとは違う人生へと進む第一歩になるのです。

ぜひ、「量子力学的」運命をひらく方法で、人生を好転させてください。

あとがき

「Oneness」に気づけば生き方がわかる

最後まで読んでくださり、ありがとうございました。

約138億年前に宇宙は「無」から誕生し、ビッグバンによって大量の素粒子が生まれました。何十億年という長い時を経て星が生まれ、銀河系が生まれ、星々には生物が生まれ、現在の私たち人間が生まれました。

では誕生した宇宙は、果たしてどのように終焉《しゅうえん》を迎えるのでしょうか？

これには諸説あり、さまざまな理論的可能性が論じられています。

有力なものの1つが、ビッグフリーズ（ビッグチルとも呼ばれる）です。最終的に宇宙では新たな反応が起こらなくなり、「ただ冷たく真っ暗で何もない空間が広がる宇宙の死＝ビッグフリーズ」を迎えるというものです。

ほかにも、可能性としていわれているのがビッグクランチです。宇宙の加速膨張の原因であるダークエネルギーよりも重力の効果が強くなって加速膨張が終わり、収縮に転じて最終的にはビッグバンと同じ高密度状態に逆戻りする、というものです。

私は個人的に「ビッグクランチ」を推しています。超弦理論で仮説とされている、万物に振動があるように、恐らく宇宙も振動をしていて、膨張し続けたら収縮し、また膨張して……を繰り返すのではないかと思っているのです。

本書でお伝えした「運命をひらく7つの習慣」は、この宇宙の膨張と収縮のプロセスを、人間が人生を豊かに過ごすためのプロセスに置き換えたものといえるでしょう。

7つの習慣を実践しながら出会いやご縁を大事にし、師匠（万物）から素直に学び続けることで、個々の異なる知識や体験がお互いに共有できます。結果、バラバラだった知識や経験が統合され1つになっていきます。

もともと、個別に存在している個々のあらゆる経験や知識が統合されると、統合されたものが全知全能の神に近い存在になっていくのではないか、そのプロセスはビッグバンとビッグクランチのプロセスと同じではないかと私は考えています。

スピリチュアルの世界でよく使われる概念で、哲学や仏教においても似た解釈がある言葉に、「Oneness《ワンネス》」があります。宇宙も地球も自然も人もすべてはつながった1つであり、エネルギーにおいて共通である、という概念です。

私は学生時代に、瞑想した際に不思議な体験としてこのワンネスを経験しました。すべてがつながって自分も周囲も1つであり、一体だと気づきました。

この一体感に気がつくことが大事なのだと思います。

なぜなら、ワンネスに気づくことによって、「どう生きるべきか」がわかるからです。

あなたが誰かに喜びを与えると、その喜びは返ってきます。逆に、苦しみを与えると、それもあなたのところに返ってきます。

しかも、その返報は〝与えた相手からあなたに〟直接返ってくるわけではなく（そういうこともありますが）、回り回ってあなたのところに返ってきます。

ですから、この瞬間にこの身に起こった幸福や不幸の因果が誰から返ってきたものかがわかりにくくなっています。そのため因果というものがあまり意識されないようになっているのです。

ですが実際は、一見するとバラバラに見えるものが一体としてつながっています。私たちは1つの大きな循環の一部なのです。

このことに気づき、精神性を高めて周囲とつながっていくプロセスが、本書でお伝えした「運命をひらく7つの習慣」です。ぜひ実践して、どのように生きるべきかを知り、生きることに迷わない日常を手に入れてください。

あなたの運命がひらかれることを心より願っています。

高橋宏和

主な参考文献

『「量子力学的」願望実現の教科書』高橋宏和・著、ＳＢクリエイティブ
『「量子力学的」幸せな生き方大全』高橋宏和・著、KADOKAWA
『マーケターの知らない「95％」』Ａ・Ｋ・プラディープ・著、ニールセン ジャパン・監訳、仲達志・訳、ＣＣＣメディアハウス
『佐藤勝彦博士が語る　宇宙論の新時代』ニュートン別冊、ニュートンプレス
『運気を磨く』田坂広志・著、光文社新書
『ペンローズの量子脳理論』ロジャー・ペンローズ・著、竹内薫＋茂木健一郎・訳／解説、徳間書店
『ペンローズのねじれた四次元』竹内薫・著、講談社ブルーバックス
『量子力学の多世界解釈』和田純夫・著、講談社ブルーバックス
『Newton 大図鑑シリーズ　量子論大図鑑』ニュートンプレス
『新版　眠れる予言者エドガー・ケイシー』光田秀・著、総合法令出版
『「量子論」を楽しむ本』佐藤勝彦・監修、ＰＨＰ文庫
『［図解］量子論がみるみるわかる本（愛蔵版）』佐藤勝彦・監修、ＰＨＰ研究所
『実践経営哲学』松下幸之助・著、ＰＨＰ研究所

装丁　bookwall
本文デザイン　石澤義裕
本文イラスト　坂木浩子
編集協力　廣田祥吾

〈著者略歴〉

高橋宏和（たかはし　ひろかず）

合同会社イーアイ・インフィニティ代表。量子力学コーチ。ロンドン大学インペリアルカレッジ物理学科に合格後、日本へ帰国し慶應義塾大学理工学部に入学。慶應義塾大学大学院に進学し、オックスフォード大学の教授ロジャー・ペンローズ博士の「量子脳理論」をヒントに量子力学を応用した人工知能プログラムの研究開発を行い、修士課程を修了。学生時代から学びつづけてきた東洋哲学、成功哲学、心理学、脳科学やコーチングを「量子力学」で解明し、科学的コーチングメソッド「量子力学コーチング」を確立し、コーチやセミナー講師として独立。その内容は、公式LINE 読者12万人やYouTube 登録者3万人を超える方にも配信され、多くの感動を呼んでいる。フランクリン・コヴィー社の創業メンバーで「7つの習慣」の研修プログラムを開発して世界76カ国に広めた伝説のコンサルタント、ロイス・クルーガー氏と共に経営者向けコーチングプログラム「ベイビーブレイン®」を開発。「ウォーターフロー経営」の提唱者。人生の使命は「世界中の人々に夢と希望を与え、誰もが自己実現できる社会を創ること」。著書に『あなたの夢を叶えもん～1つの真実に、無限の解釈～』（サンマーク出版）、『「量子力学的」願望実現の教科書』『「量子力学的」お金と引き寄せの教科書』『「量子力学的」強運の方程式』（以上、SBクリエイティブ）、『「量子力学的」幸せな生き方大全』（KADOKAWA）がある。

高橋宏和の公式 LINE

↓

【量子力学的】運命をひらく７つの習慣

2024年10月9日　第1版第1刷発行

著　　者　高　橋　宏　和
発 行 者　永　田　貴　之
発 行 所　株式会社ＰＨＰ研究所
東京本部　〒135-8137　江東区豊洲5-6-52
ビジネス・教養出版部　☎03-3520-9615（編集）
普及部　☎03-3520-9630（販売）
京都本部　〒601-8411　京都市南区西九条北ノ内町11
PHP INTERFACE　https://www.php.co.jp/
組　　版　石　澤　義　裕
印 刷 所　株　式　会　社　光　邦
製 本 所　東京美術紙工協業組合

ISBN978-4-569-85780-0

暗闇の眼玉

鈴木六林男を巡る

高橋修宏

ふらんす堂